사수가
없어도
괜찮습니다

사수가 없어도
괜찮습니다

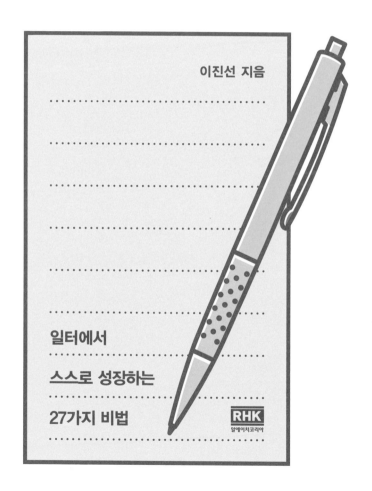

이진선 지음

일터에서

스스로 성장하는

27가지 비법

RHK
알에이치코리아

혼자서도 자랄 수 있으니까요

"지금 함께 일하는 모두가 5년 후에도 같이 일하고 있으면 좋겠어요."

"무슨… 그런 끔찍한 소리 하지 마."

신입 1년 차에 팀장님과 함께 퇴근하며 나눈 대화다. 회사 생활이 낯설고 일이 서툴러 매일 엄청난 스트레스를 받으면서도, 꿈에 그리던 디자이너가 됐다는 기쁨에 취해 있었다. 함께 일하는 사수에게 모든 것을 배우겠다는, 열정이 넘치던 시기였다.

회사엔 똘똘한 입사 동기와 일 잘하는 팀장님이 여럿 있었다. 그중에서도 우리 팀 팀장님은 내 눈에 영웅이었다. 매사에 성실했고, 필요한 곳에 적절한 결과물을 내는 사람이었다. 사실 디자이너라고 해서 반드시 엄청나게 화려하고 멋진 결과물을 내야 하는 것은 아니다. 나는 주어진 일을 과잉 없이 필요한 만큼 수행하는 그의 능력을 본받고 싶었다. 그래서인지 오래오래 모두 함께 일하고 싶다는 순진한 내 말에 쏘아붙인 그의 냉소적인 한마디는 지금까지도 마음속에 깊이 박혀 있다. 지금 생각해 보면, 그는 나의 상사였지만 사수는 결코 아니었다.

입사 1년 만에 디자인 그룹의 모든 팀장이 퇴사했다. 초짜들만 남았고 진짜로 사수라 부를 존재가 없는 상태가 됐다. 이후 여러 팀장이 들어오고 나갔다. 대다수의 사수들은 디자인을 못하거나, 커뮤니케이션을 못하거나, 성실하지 않거나, 특정 디자이너를 편애했다. 내 기준에 완벽한 사수는 더 이상 없었다.

4년을 다닌 첫 회사 이후 6개월 단위로 수없이 이직을 반복했다. 나보다 나은 사람과 일하고 싶어서 모든 면에서 완벽한 사수를 찾아 여러 회사를 전전한 것이다. 그렇지만 직업인으로 사는 동안 친절하게 필요한 가르침을 체계적으로 나눠주는 사수를 만난 적은 없다. 9 to 6 직장인으로 일하면서, 프리랜서로 전향하면서, 작가가 되는 과정에 있으면서, 사업을 시작한 지금도 나는 언제나 사수가 없어서 힘들었다.

연차와 직급에 관계없이 누구나 사수를 원한다. 아무것도 몰라서 모니터만 바라보는 신입도, 처리할 일은 너무 많은데 우선순위 파악이 어려운 대리도, 워라밸만 찾으며 자기 할 말 다하는 부하 직원과 성과를 내기 막막한 관리자급도 마찬가지다. 모두 각자만의 사수가 필요하다.

나는 일을 하는 과정에서 떠오르는 여러 가지 의문을 오래전부터 수집해 왔다. 불합리하고 비효율적인 상황들은 빈번하게 일어났다. 같은 상황이 자꾸만 반복되는 현실이 너무 답답했고, 때로는 화가 나기도 했다. 가장 힘들었던 부분은 나뿐만 아니라 뒤에 따라올 후배들에게도 이 불합리가 계속해서 되풀이될 것이라는 점이었다. 경험으로부터 무언가를 배웠다면, 다음 사람이 같은 상황을 겪지 않도록 노하우를 전수할 방법은 없는지 궁금했다. 모두가 각자의 상황에서 각개전투하지 않고 함께 성장할 수 있는 방법은 없는지 수없이 생각했다. 하지만 이런 생각들은 상당히 오랜 시간 막연하고 두루뭉술한 모양으로 내 마음속에 자리하고 있었다. 누군가 나서서 문제를 해결해 주면 좋겠다고 오랫동안 바라왔다.

그래서 그렇게 바라던 좋은 사수를 만났냐고? 그러지 못했다. 사수는 없는 것이 기본 값이라 여겨야 한다. 대부분의 사람들은 기대한 만큼의 사수를 만나지 못할뿐더러, 본인도 그 기대치만큼 성장하기 어렵다. 훌륭한 사수가 되는 법을 누군가에게 배우는 것 자체가 요원하다. 그래서 연차가 쌓이고 직급이 올라가더라도, 좋은 관리자로서 필요한 역량들을 균형 있게 갖추기가 어렵다. 지금 시점에 갖춰야 할 역량이 무엇인지조차 알지 못하는 이들이 태반이다. 그저 시간이 흐르고 연차가 쌓여 원하지 않았지만 사수 자리에 앉아 있는 이들도 있다. 어딘가 한구석이 모자란 사수는 많지만, 모든 면에서 완벽한 이상적인 사수는 없다.

많은 사람이 입버릇처럼 '보고 배울 사수가 없다'고 말한다. 하지만 일이 힘든 진짜 이유는 사수의 부재가 아니라 사수에 지나치게 의존하려는 마음에 있다. 스스로 가르치고 배우는 법을 아는 사람은 이끌어 줄 사수가 없어도 괜찮다. 가르치는 사람이 없어도 혼자 알아서 성장한다. 자기를 돌보고 길러낼 줄 모르는 사람은 아무리 훌륭한 사람들과 함께 있어도 성장할 수 없다. 멘토는 배울 준비가 된 사람에게만 나타나는 법이다.

스스로 가르치는 일의 시작은 자기 발견이다. 뭘 하고 싶은지 모르는 것에 대한 죄책감을 버리고 자기 자신에게 실패할 자유를 주어야 한다. 자신이 무엇을 좋아하는지 아는 것만큼, 무엇을 견딜 수 없는지 아는 것도 중요하다. 이미 가진 것에 의미를 부여하고 처한 상황에서 배울 것을 찾는 눈을 갖추는 것도 자기 발견의 한 측면이다. 자기 인식과 자기 확신이라는 토대 위에서 우리는 한 계단씩 내적 자산을 축적할 수 있다.

이 책이 자기 성장의 첫걸음이 되길 바란다. 모두가 능동적으로 자기 삶을 디자인하며 '사수 없음'을 선택할 용기를 갖기를 바란다. 그리고 말할 수 있다면 좋겠다. 사수가 없어도 괜찮다고. 멘토는 내 안에 있다고. '사수 없이 일하며 성장하는 법'이라는 주제로 글을 쓴 것은 위와 같은 이유에서 출발했다. 이는 어느 한 순간에 번뜩 떠오른 것이 아니다. 내 안에 웅크리고 있던 아주 오래된 질문이자 화두였다.

책은 결코 혼자 쓰는 것이 아니다. 사수 없이 일하며 성장할 수 있다는 말에 공감해 준 사람들 덕에, 한 권의 책으로 엮도록 응원해 준 사람들 덕에 여기까지 올 수 있었다. 먼저, 내 서

사에 공감과 지지를 보내준 구독자들에게 무척 고맙다. 다음 글을 기다려 주는 독자들 덕분에, 숱한 어려움 속에서도 2년 동안 멈추지 않고 글을 쓸 수 있었다.

자기 발견 커뮤니티를 통해 만난 사람들 역시 내 원고의 원동력이 되어주었다. 커뮤니티의 구성원들은 모두 말이 아닌 행동으로 자기 삶을 증명하는 사람들이다. 한 명의 사수가 없어 힘들어하던 내가, 이제는 수백 명의 멘토에게 둘러싸여 살고 있다. 내가 하는 일에 건강한 가치와 자부심을 준 건 바로 그들이다. 의미 있는 삶을 살 수 있도록 만들어 준 커뮤니티의 모든 구성원들에게 감사드린다.

좋은 출판사와 편집자를 만난 것은 커다란 행운이다. 브런치북 공모전에 지원한 수천 개의 원고 중에서 내 글의 가능성을 알아보고 선택해 준 출판사에 감사를 건네고 싶다. 날것의 원고를 책다운 책으로 만들기 위해 최선을 다해 주었다. 이 책의 절반은 편집자가 쓴 것이라 해도 과언이 아니다.

또한 내가 매일 온전히 일에 집중할 수 있는 것은 말없이 뒤에서 환경을 만들어 주는 가족들 덕분이다. 무엇을 하든 잘할 사람이라는 믿음이 나를 계속 움직이게 한다. 한 번도 표현하지 못했지만, 진심으로 고맙다는 말을 책으로나마 전하고 싶다. 책을 쓰는 여정에 함께한 모든 이에게 감사드린다.

2021년 5월

이진선

목 차

1장

사수는
없는 게 기본 값

실력은 연차에 비례하지 않는다

분노로 꽉 찬 메일이 결국 오고야 말았다. 노란 바탕에 빨간 글씨로 뒤덮인 메일이었다. 클라이언트가 얼마나 화가 났는지, 그 감정이 고스란히 모니터 밖으로 밀려 나오는 것 같았다.

당시 나는 디자이너로만 구성된 작은 디자인 스튜디오 회사를 다니고 있었다. 규모는 작지만 결과물이 무척 뛰어나다고 생각해 입사한 곳이었다. 대표와 팀장은 둘 다 경력이 상당한 디자이너였다. 그들은 오래전부터 함께 일하며 창업까지 같이 한 동료이자 형, 동생이었다. 대표는 스스로 '아트 디렉터'를 자처하며 프로젝트마다 고객과의 소통을 전담했고, 팀장은 대표의 아이디어를 그래픽으로 구현하는 역할을 맡았다.

이 정도 규모의 디자인 회사라면, 입사와 동시에 고생길이 훤할 거라는 사실을 잘 알고 있었다. 하지만 이제껏 혼자 고민하며 일을 해왔던 나에겐 힘들더라도 잘하는 사람 밑에서 배우며 일하고 싶다는 갈망이 있었다. 스타트업이었지만 눈에 띄는 산출물을 내놓고 있는 회사였기에 아이디어 전개 방식, 시각화 과정, 클라이언트와의 소통, 다른 부서와의 협업 방식, 사내에서의 업무 배분, 일정 관리 방식 등을 보고 배우며 한 단계 도약할 수 있으리라 기대했다. 그러나 내가 얼마나 순진하고 헛된 꿈을 꾸었는지 깨닫는 데는 긴 시간이 필요하지 않았다.

경력과 반비례하는 이상한 자존심

그즈음 나는 프로젝트 몇 개 정도는 이끌 수 있는, 팀원에서 사수가 되는 단계에 속해 있었다. 아직 투박하기는 해도 나름의 방법론을 조금씩 다듬어 가는 중이었다. 무엇보다 프로젝트 전반이 어떻게 돌아가는지 제대로 파악하려 노력했다. 하나의 결과물을 내놓기 위해 다양한 분야의 사람들이 어떻게 협업하는지 살폈다. 이를 익히는 것이 당시 나에게 가장 큰 화두였다. 매 프로젝트마다 클라이언트와 팀원도 바뀌고, 요구되는 조건들도 달라지지만 공통으로 적용 가능한 방식이 있을 거라고 생각했다. 디자인을 업으로 삼은 나에게 '디자인'이란, 거대한 맥락에서 유연하게 변주가 가능한 가치였다.

그러나 대표와 팀장에게 디자인은 다른 무엇보다 중요한 절대 우월 가치였다. 클라이언트는 가르쳐야 할 대상이고, 협업해야 할 다른 분야의 사람들은 디자인을 거드는 존재로 생각하는 것 같았다. 그들은 이런 기이한 '디자인부심'을 바탕으로 자기들만의 몇 가지 원칙을 고수하고 있었는데, 그중 하나가 '절대 파견은 나가지 않는다'였다. IT 업계는 디자인 에이전시가 대기업 프로젝트에 참여할 때, 시스템이나 보안 문제 때문에 파견을 요구하는 경우가 많다. 그러나 이곳은 파견을 나가지 않는 것이 디자이너의 자존심을 지키는 일이라 여겼다.

그 시기 우리는 모 대기업의 신규 브랜드 론칭을 위해 반응형 웹사이트 구축을 준비하고 있었다. 그때의 나는 회사에서의 하루하루가 불안했다. '이러다 언젠가 한 번은 크게 터지겠다' 싶었기 때문이다. 몇 가지 이유를 말하자면 이렇다.

· 디자인을 제외한 다른 분야는 이미 한 공간에 모여 협업 중이었음.
: 한 건물에 여러 회사를 섭외해, 그들끼리는 협업하고 있었다. 오직 디자인 팀만이 이메일로 소통했다.

· 클라이언트의 요구사항을 들어주지 않았음.
: 고객이 피드백을 주면 우리가 옳다고 생각하는 디자인을 제시했

다. 클라이언트가 디자인에 무지해서 이상한 요구를 한다고 생각했고, 그 때문에 프로젝트 중반을 넘어갈 때까지 디자인 방향이 계속 바뀌었다.

• 작업 중인 일에 대한 이해도가 낮았음.
: 디자인 제안 초기 단계에서부터 실제 구축이 가능한지 여러 측면에서 고려해야 하는데, 대표와 팀장은 그들이 원하는 예쁜 그림만 그렸다. 그 예쁜 그림을 실제로 구현하려면 작업자들이 폰트 하나, 선 하나까지 일일이 다시 손봐야 했다.

이와 같은 이유들로 상황은 점차 악화됐다. 그러다 웹사이트 오픈까지 한 달도 채 남지 않았던 그때, 그 문제의 노랗고 빨간 분노의 메일이 기어이 날아온 것이다.

클라이언트는 전반적인 디자인 방향에 대해 불만이 가득했다. 자기가 준 피드백을 반영하지 않은 채 매번 동문서답하는 디자이너에게 화가 날 대로 나 있었다. 디자인 작업 이후로도 사이트 구축을 위해 진행해야 할 단계가 수두룩하게 쌓여 있는데, 확정되지 않은 페이지가 너무 많았다. 다음 작업에 착수해야 할 다른 회사들은 발만 동동 구르며 완성될 디자인이 넘어오기를 기다리고 있었다. 고객에게도, 다른 회사 사람들에게도 디자인 팀은 모든 악의 축인 상황이었다. 자, 그래서 결론은?

대표는 나를 불러 이렇게 말했다.

"진선 씨, 파견을 좀 나가줘야겠어."

이후 공공의 적으로서 지옥 한가운데로 걸어 들어가 얼마나 많은 고생을 했는지에 대해서는 차마 글로 구구절절 적지 않겠다. 다만 한 달 동안 주말 없이 하루에 3~4시간 쪽잠을 자며 뒷수습을 했다… 정도면 내 고생길이 가늠이 되려나?

20년의 연차가, 멋진 포트폴리오가 그 사람의 전문성을 입증하는 지표가 될 수 있을까? 세상에는 어딘가가 과도하게 결핍된 경력자들이 너무나 많다. 자기가 하는 일이 무엇인지 정확히 알지 못하는 사람도 많다. 이런 사람들의 가장 큰 문제는 자신이 뭘 모르고 있는지를 모른다는 것이다. 무능한 사람일수록 자신의 능력을 과대평가하며 자신감이 넘친다는 더닝 크루거 효과Dunning-Kruger effect를 아는가? 단지 연차가 많다는 이유로 인지 편향(비논리적인 추론에 따라 잘못된 판단을 내리는 패턴)이 심한 사람이 사수가 되고, 팀장이 되고, 대표가 되어 불러일으키는 재앙을, 나는 이후로도 여럿 목격했다.

실력은 결코 연차에 비례하지 않는다.

평균 없이 무엇으로
평가할 수 있을까?

언젠가 함께 일하던 디자이너가 말했다.

"기준이 너무 높은 거 아닌가요?"

"제가요?"

"디자이너가 10명이라면 7~8명은 실력이 보통 수준일 텐데, 모든 디자이너가 뛰어나게 잘할 수는 없잖아요."

뭐라고 대답해야 할지 몰라 망설이는 중에 머릿속으로 여러 가지 생각이 스쳐 지나갔다. 일하면서 내가 동료들에게 너무 부담을 준 걸까? 이번 일정이 너무 촉박했나? 나랑 일하면서 동료들의 자신감이 많이 떨어진 건가? 저 사람은 평범한 7~8명 안에 속해서 편하게 일하고 싶다는 건가? 지금 수준에 만족하는 걸까? 더 잘하고 싶은 욕심이 없는 건가? 아니면 잘하는 2~3명에 속하고 싶다는 말인가? 보통의 실력이라는 건 어느 정도 실력을 말하는 거지? 복잡한 머릿속, 생각만 하다가 결국 질문에 대답하지 못하고 흐지부지 대화를 넘겨버렸다.

프로젝트를 하다 보면 다양한 연차와 경험 그리고 실력을 가진 사람들과 일하게 된다. 함께 일할 사람에 대한 선택권이 주어지는 경우는 그리 많지 않다. 직장 동료는 내가 맞춰야 하는, 통제 불가능한 업무 조건 중 하나다. 리더로서 디자이너들에게 직접 일을 배분하고, 일정을 확인하고, 결과물의 질적 수준을 검수하면서 피드백을 주고받는 과정이 점점 더 어렵게 느껴지던 시기였다.

한때는 일을 잘하는 것에 내 모든 신경을 쏟았다. 그러다 어느 순간부터 함께 일하는 사람도 다 같이 잘하면 좋겠다고 생각했다. 그렇지만 자기 일에서 전문성을 갖추기 위해 무리하게 힘을 쏟는 건 맞지 않다는 사실을 깨달았다. 일을 잘하고 싶은 마음이야 누구나 가지고 있겠지만 일정 수준으로, 일정 강도로, 일정 자원과 시간을 투자해서 잘하고 싶은지는 제각각이다. 각자가 삶에서 중요하게 생각하는 가치의 우선순위는 다르다. 어떤 사람은 단지 먹고살기 위해 회사를 다닌다. 하지만 이 사실을 인정하기까지 꽤 오랜 시간이 걸린다. 특히 좋아하는 일을 하는 사람은 스스로 그 직업을 선택했을 테고, 그만큼 잘하고 싶고, 인정받고 싶은 마음도 클 것이다. 하지만 일이 그 사람의 삶 전체를 대변할 수는 없다.

좋은 지시의 영향력

'다른 사람도 나처럼'이라는 생각이 나 혼자에게 만 좋을 수 있다는 사실을 깨달은 시점부터, 내 생각도 많이 달라졌다. 업무를 지시해야 하는 리더 역할의 무게가 한껏 무겁게 느껴졌기 때문이다. 미숙한 지시 때문에 디자인 자체에 흥미를 잃거나 아예 포기해 버리는 친구들을 신입사원 시절부터 봐왔기 때문에, 혹여 내가 내뱉는 한마디가 디자이너의 의욕을 꺾을까 조심스러울 때가 많았다.

디자인이라는 일 특성상 반드시 해야 하는 업무가 있다. 바로 '피드백'이다. '결과물에 대한 피드백 주고받기'는 감정적인 부분을 고려해야 하는 굉장히 고단한 업무다. 잘해야겠다고 마음먹기 시작하면 한도 끝도 없이 시간을 투자해야 하는 일이다. 성격, 역량, 의지, 업무 방식 등 그 사람의 스타일을 공부해야 하기 때문이다.

하지만 언제나 그렇듯이 업무 시간 동안 우리는 매우 바쁘다. 피드백은 업무 시간 외의 개인 시간을 투자하지 않으면 잘할 수 없는 일이다. 상대방에 대해 잘 모르는 상태에서 일방적인 조언을 하면 내 기준을 강요하게 되기 십상이다. 어떤 날은 내가 왜 이렇게까지 신경 써야 하는지 화가 난다. 갑자기 맥이 풀려 전부 그만두고 싶어지기도 하고, 어떤 날은 병아리 디자이너를 돕는 일은 10년 전의 나와 했던 약속이니 힘내자고 마음을 다잡기도 한다.

나는 요즘 '혼자 잘하기'에서 '함께 잘하기'로 일의 범위를 확장해 나가는 중이다. 미숙함에서 능숙함으로 가는 여정에서 여러 가지 혼란을 겪고 있던 시기에 방향을 잡을 수 있도록 조언해 주는 책을 만났다. 바로 발달심리학 전문가 토드 로즈Todd Rose의 《평균의 종말The End of Average》이다.

우리는 모두 평균주의자다

우리가 생각하는 수많은 '당연함'이 사실은 야망 넘치는 몇 사람에 의해 설계되어 주입된 것이라는 사실을 아는가? 이를 아는 사람은 얼마나 될까? 《평균의 종말》은 개인의 생각, 언론, 교육기관, 기업 등 사회 전반에 짙게 배어 있는 '평균주의'의 진실을 이야기한다. 평균주의는 크게 두 가지로 나눌 수 있다. 정리하자면 다음과 같다.

1. 평균 = 정상
평균에서 벗어나면 오류로 간주하는 케틀레의 평균주의
→ 산업계 테일러에게 영향

2. 평균 = 평범

평균 이상은 우월, 평균 이하는 저능으로 구분하는 골턴의 평균주의

→ 교육계 손다이크에게 영향

산업계에서는 테일러가, 교육계에서는 손다이크가 이러한 평균주의 개념을 이어받는다. 이를 바탕으로 사람들은 세상을 지배하는 여러 시스템을 구축한다. 소수의 지독한 평균주의자들에 의해 우리가 사는 세상이 돌아가고 있다니, 지나친 단순화가 아닐까 싶기도 할 것이다. 놀랍게도 이는 모두 사실이다.

'평균=정상' 또는 '평균=평범'이라는 두 가지 평균주의 사고방식은 끊임없이 교차하며 우리 일상을 지배하고 있다. 포털과 SNS에는 '여성 노동자 월평균 임금 245만 원', '상반기 취업자 평균 스펙, 토익 740점', '내 집 마련 평균 연령 43세'와 같은 기사들이 돌아다니며 매일 쉬지 않고 평균 대잔치를 벌인다. 학교에서는 평균 점수로 등급을 나누고 우등생을 가려내, 명문대에 진학시키는 엘리트 과정을 만든다. 회사에서는 관리자의 지시 아래 한 조각 부품이 되어 정해진 시스템에 따라 진급 사다리를 오르게 한다.

· 우리는 사람을 만날 때마다 반사적으로 평균과 그 사람을 비교해 판

아돌프 케틀레
Adolphe Quetelet

평균 = 완벽/정상
'평균주의' 창시자
평균에서 벗어나면 오류/기형으로 구분
인간을 유형화/정형화함

프랜시스 골턴
Francis Galton

평균 = 평범
평균 이상은 우월(귀족)
평균 이하는 저능(노예)
인간의 계층 구분

윈즐로 테일러
Winslow Taylor

악명 높은 '테일러주의' 창시자
산업계 평균주의 시스템과 표준화 언급
노동자와 관리자 구분

에드워드 손다이크
Edward Thorndike

우등생과 열등생 구분
등급 중심 교육 시스템

단하며, 그 대상에는 우리 자신도 포함된다.

· 매체에서 평균 시민에 관한 수치를 보도하면 이 수치에 자기 자신을 이입해 보지 않는 사람은 거의 없다. 적정 수준 이상이면 우쭐해지고, 수준 이하면 자기 연민이나 자괴감에 빠지기 쉽다.

· 사람의 유형을 나누고, 계층을 분화하는 것이 당연하고 마땅한 일처럼 여겨지면서 판단 대상이 되는 사람의 개개인성이 묵살당하고 있다는 사실은 점차 간과된다.

어쩌면 의식하지 못하는 사이에 나는 철저히 평균주의에 충실한 삶을 살아왔는지도 모른다. '디자이너라면 당연히'라는 말에 갇혀 내 멋대로 기준을 세우고 이 사람 저 사람에게 마구잡이로 잣대를 휘두르고 다닌 과거를 생각해 보면 말이다. 20살에 취업해 회사를 다니며 대학 입시를 준비하던 시절에는 평균 미달에 속하게 될까 두려워하며 3년을 보냈고, 대학에선 늦게 시작한 만큼 평균 이상이 되어야 한다고 스스로 다그치며 4년을 보냈다. 회사에서는 동료들이 평균 이상이 되어야 한다고 불평하며 오랜 세월 지냈으니, 나는 진정한 평균의 노예였던 셈이다.

그렇지만 이렇게 평균에 찌든 삶을 살아가는 사람이, 나뿐만은 아닐 것이다. 케틀레가 세상을 떠난 지 150년이 다 되어가는 지금. 우리는 여전히 평균주의자로 살고 있다.

당연한 것을 당연하지 않게

평균주의는 현실에 존재하지 않는, '가상의 평균적 인간'을 세워놓는다. 이 틀에 개개인을 끼워 맞추고, 개인이 가진 특성은 배제한다. 이런 문제에 저항하는 개개인학science of the individual은 생명과학과 심리학, 세계적인 기업에 차근차근 적용되고 있는 추세다. 하지만 한 개인이 스스로에게 개개인학을 적용하는 일은 어떻게, 언제쯤 가능해질까? 평균의 세상에서 태어나 숨 쉬며 자라온 내가 진정 평균에 기대지 않고 달리 생각할 방법이 있는 걸까? 평균 없이 무엇을 기준 삼아 더 나은 미래를 상상할 수 있을까?

평균주의는 개인, 교육기관, 기업, 이 세 가지 차원에서 논의될 수 있다. 여기서 지금 우리가 실질적으로 고민해야 할 것은 개인 차원의 평균주의다. 개개인성을 파악하는 원칙은 아래와 같다.

1. 들쭉날쭉의 원칙 : 인간의 특성은 다차원적이다. 한 가지 특성으로 개인의 다른 면까지 판단하면 망한다.
2. 맥락의 원칙 : 상황에 따라 특성은 다르게 발현된다.
3. 경로의 원칙 : 목적지로 가는 경로는 다양하고, 속도 역시 저마다 다르다.

지금 바로 시도할 수 있는 것은 한 명의 개인을 인간 군상으로, 특정 유형으로, 특정 등급으로 뭉뚱그려 판단하지 않는 것이다. 그 사람을 개별적인 존재로 인정하고 살펴본다. '디자이너는 까칠해, 개발자는 무뚝뚝해, 기획자는 여우 같아.' 이처럼 너무나 쉽고 간편하게, 명제 하나로 개인을 판단하지 않는 데서 출발하는 것이다.

　　평균이란 머릿속에 '당연한 것, 말할 필요도 없이 그러한 것'으로 자리 잡혀 있다. 사람은 살면서 서로 다른 특성을 가지고 서로 다른 환경에서 서로 다른 상황을 겪으며 산다. 그렇기 때문에 세상에서 통용되는 평균과 더불어 자기 나름의 평균(당연함)을 가지고 있다. 사람은 성장하기 위해 일정한 기준을 설정하지 않을 수 없다. 다만 그 기준이 '나만의 당연함'이라는 사실을 잊지 않으려는, 의식적인 노력이 필요하다.

　　우리는 '나'의 당연함을 '너'에게 강요하는 평균주의자들이 누군가의 사수가 되고, 리더가 되고, 교육자가 되는 것을 두려워해야 한다. 토드 로즈가 꿈꾸는 '개개인이 최고의 자기 자신이 되는 가슴 뛰는 미래'는 하나의 결정에서 시작된다. 바로 개개인을 소중히 여기기로 마음먹는 일이다.

세상 어디에도 없는 멘토

"회사는 학교가 아니야. 내가 아는 걸 왜 너한테 다 설명해 줘야 하지?"

신입사원 시절 팀장님이 나에게 한 말이다. 사회생활을 시작한 지 얼마 안 된 시점에, 까마득한 선배의 한마디는 나에게 너무나 큰 충격이었다. 회사에서 모르는 걸 질문했을 때 답이 돌아오는 게 당연하지 않다는 걸 이때 처음 알았다. 노하우를 나누는 일에 인색한 사람은 우리가 생각하는 것보다 훨씬 많다. 본인이 직접 겪으며 어렵게 배운 것을 남이 쉽게 가져가는 게 아까워서일까? 아니면 자신의 밥그릇을 뺏길까 불안한 것일까? 그 이유는 나도 잘 모르겠다.

함께 일하는 선배나 상사가 반드시 내 사수가 되는 건 아니다. 일을 잘하지만 알려주는 데 인색한 사람일 수도 있고, 너무 바빠서 알려줄 여력이 없을 수도 있고, 경력만 많고 일은 못해서 알려줄 깜냥이 안 될 수도 있다. 알려준 노하우가 잘못된 것일 수도 있고, 알려준 정보가 지금 내 수준에서 받아들이기 벅찬 것일 수도 있다. 세상에는 너무나도 많은 경우의 수가 있다.

회사가 학교가 아니라는 건 나도 안다. 하지만 함께 일을 잘하게 되면 그만큼 서로 수월해질 테고, 나아가 더 나은 결과물을 만들어 낼 수 있다. 아는 것을 나눔으로써 이전보다 더 높은 수준의 과제를 함께 해결하며 성장할 수 있다. 그런데 군이 비효율적인 주먹구구식의 일 처리를 대물림할 이유는 무엇이란 말인가? 나는 항상 내 일을 잘하고 싶었고, 나와 같은 고민을 하는 사람들이 얼마나 많을까 상상해 왔다. 그래서 다짐했다. 내가 일을 잘하는 사람이 되면 아는 것을 사람들한테 기꺼이 나누고 베풀어야겠다고.

회사엔 교육 과정이 없다

10년 이상 에이전시 생활과 프리랜서 생활을 하면서, 다양한 회사에서 다양한 프로젝트를 통해 다양한 디자이너를 만났다. 프로젝트 리더를 도맡아 신입들과 일을 하는 동안 '사수가 없어서 고민'이라는 말을 종종 들었다.

내가 만난 디자이너들은 출신 학교와 회사, 연차, 환경이 모두 달랐다. 세상에는 대학에서 디자인을 전공하지 않은 디자이너, 그림을 전혀 그릴 줄 모르는 디자이너, 스타트업이나 중소기업에서 선배나 동료 없이 혼자 일하는 디자이너가 상상 이상으로 많다. 디자이너라는 직업을 갖게 되는 과정은 사람의 수만큼 다양하다. 현재 처한 상황과 주어진 조건, 갖추고 있는 역량도 제각각이다.

사실 제대로 된 사수가 없는 상태, 다시 말해 '멘토의 부재'는 디자이너만 겪는 어려움이 아니다. 분야를 막론하고 존경할 만한 상사에게 체계적으로 교육을 받으며 성장하는 일은 어쩌면 TV 속 드라마에서나 가능한 일일지도 모른다. 제대로 된 사수는커녕 내가 고생했으니 너도 똑같이 당해보라는 심보의 상사를 만나지 않는 것만으로도 다행이다.

그런데 주변을 살펴보면 사수 없이도 혼자서 남달리 성장하는 사람을 발견할 수 있다. 그들은 초급에서 중급으로, 중급에서 고급으로, 그리고 고급을 넘어 탁월한 성과를 내는 전문가로 성장한다. 이런 사람은 어느 분야에나 존재하기 마련이다. 한 사람이 도저히 해낼 수 없을 것 같은 일들을 해내는 이들은 대체 나와 무엇이 다른 것일까? 타고난 지능과 재능이 있기 때문일까? 내가 모르는 유능한 멘토가 있는 것일까? 어째서 나는 사수 없이 각개전투하며 전쟁터를 헤매고 다닐 수밖에 없는 걸까? 도대체 바람직한 멘토는 어디에 있는 것일까?

'사수 없이 어떻게 성장할 수 있는가'라는 질문은 디자인 실력이 늘지 않아 방황하던 시기에 그리고 그 시기를 통과하며 가슴속에 항상 품어왔던 주제다. 그래서 사수에 대한 갈증이 심해질 때면 초보자가 전문가로 성장하는 원리에 대해 관심을 가지고 지속해서 공부했다.

읽고, 생각하고, 일에 적용하는 사이클을 반복하면서 깨달은 것이 있다. 단순히 오래 일한다고 전문성이 높아지는 것은 아니며, 무작정 열심히 한다고 실력이 만들어지지도 않는다는 것이다. '하다 보면 늘겠지'라는 생각은 마치 시간만 지나면 누구나 전문가가 될 수 있다는 것처럼 보인다. 주변을 보자. 10년 차, 20년 차 초보자는 얼마든지 있다.

나의 멘토는 한 권의 책이었다

사실 고백하자면 나에게는 멘토가 있다. 10여 년 전부터 언제나 곁에서 나를 이끌어 준 존재. 바로 스펜서 존슨 Spencer Johnson의 책 《멘토*The One Minute Teacher*》에 등장하는 주인공 소피아 선생님이다. 이 책을 처음 읽은 시기는 신입 1년 차였다. 그로부터 오랜 세월이 지난 지금까지도 이 책은 내 책장에서 가장 잘 보이는 곳에 놓여 있다. 한 권의 책으로 인생이 달라질 수 있냐고 누군가 묻는다면, 나는 《멘토》가 내게 그런 책이라고 말하고 싶다.

소피아 선생님이 내 최고의 멘토인 이유는, '스스로를 가르친다'는 생각의 씨앗을 처음으로 심어준 존재이기 때문이다. 얼마 전 이 책을 다시 읽었을 때, 지난 시간 이 한 권의 책으로부터 얼마나 많은 영향을 받았는지 깨닫고 소름이 끼쳤다. 일을 처음 시작하던 시점에 이 책을 만날 수 있었던 것에 감사하고, 특정 시기에 특정한 메시지를 만나는 것이 얼마나 중요한지 다시 한번 깨달았다. 책 속 소피아 선생님은 말한다.

"각자가 자신의 행복에 대해 책임이 있다는 걸 인정합니까?"

이 질문을 받기 전까지 나는 훌륭한 누군가가 날 이끌어주기를 바라고 있었다. 집에서는 부모님이, 학교에서는 선생님이, 회사에서는 상사가 나를 가르치고 성장시키는 게 당연한 이치라고 생각했다.

하지만 이 질문을 만나고 난 뒤 생각이 바뀌었다. 내 행복, 내 성장을 스스로 책임지는 일은 두렵고 막연할지라도 어른이 되기 위해 갖춰야 할 태도다. 한편 "혼자서 어떻게 성장할 수 있을까?"라는 질문에 대해 소피아 선생님은 이렇게 말한다. "우리 모두는 학생인 동시에 스승이다. 우리는 배울 필요가 있는 것을 스스로에게 가르칠 때 최상의 능력을 발휘한다."

책을 읽고 난 이후 '스스로 배우고 나 자신을 가르쳐야 한다'는 말은 내 삶에서 하나의 거대한 테마가 됐다. 그러나 소피아 선생님은 200쪽짜리 얇은 책에 세부적인 방법까지 써놓지는 않았다. 나는 어떻게 하면 나 자신의 멘토가 될 수 있는지, 구체적이고 실질적인 방법을 알고 싶었다. 계속해서 생겨나는 다양한 질문들에 대한 답을 찾기 위해, 이후로 나는 오랜 세월 여러 권의 책을 더 읽어야 했다.

사수 없이 어떻게 성장할 수 있는지 물어보는 후배들이 많다. 그때마다 매번 뭐라고 말해야 할지 망설이며 선뜻 대답하지 못했던 이유는 짧은 시간에 몇 마디로 설명할 수 있는 내용이 아니었기 때문이다. 10년 전의 나처럼 외롭고 힘겹게 버티고 있을 이들을 위해, 성공이 아닌 성장에 관해 이야기하고 싶다. 아서 프랭크Arthur W. Frank의 말을 빌려 말하자면, 비록 지극히 개인적인 내 이야기라도 누군가는 자신의 상황에 맞게 '고쳐 쓰기'를 하며 자기 성장을 위한 작은 힌트를 얻을 수 있을 것이라 믿기 때문이다.

10대의 나, 20대의 나, 30대의 나. 이 3명이 함께 만나는 장면을 상상한다. 이들은 너무 다르지만 한편 너무 비슷하다. 각각 다른 세대의 내가 이야기하는 모습을 상상하면 즐겁기도 하고, 설레기도 하며, 때로는 감동적이기도 하다. 지금의 나는 과거의 나에게 묻는다. "어때? 상상했던 모습이랑 비슷하니?" 서로에게 제법 기특하다는 칭찬을 건네는 중에 또 한 명의 멘토인 40대의 내가 참석한다. 미래의 나는 태양처럼 눈부시게 빛나고 있다. 그가 따뜻한 미소를 지으며 3명의 나에게 말한다. "미래에서 기다릴게."

　　모두 자신만의 멘토를 만나 멋지게 성장하기를 바란다. 최고의 멘토는, 내 안에 있다.

나는 구덩이에서 나와야 했다

"언제까지 이 일을 계속할 수 있을까?"

한 번이라도 이 질문을 자기 자신에게 던져보지 않은 사람이 있을지 모르겠다. 나는 직장인으로 살아온 시간 대부분을 보이지 않는 불안에 시달리며 보냈다. 단단한 지면에 두 발을 딛을 때의 안정감을 가져본 기억이 없다. 성장하고 싶은 마음, 부당하게 착취당하고 있다는 생각, 거대한 벽이 눈앞을 막고 있는 느낌, 이대로는 더 이상 가망이 없다는 판단. 일 앞에서 때로는 갈등하고, 때로는 좌절하며, 때로는 다짐하고, 때로는 도망쳤다. 일의 수명이 언제 다할까 두려워하는 것은 좋아하는 일을 한다고 해서, 사회 초년생 시절을 지나 경력자가 된다고 해서 떨쳐낼 수 있는 마음이 아니었다.

그렇지만 오늘의 나는 어느 때보다 일과 생활에 만족하며 하루하루를 살고 있다. 더 이상 '언제까지 일한 수 있을까'나는 불안에 시달리지 않는다. '자기 정체성을 바탕으로 매일 1%씩 성장하는 삶'의 가치를 알고 있기 때문이다. 이런 거대한 마음의 전환이 가능했던 것은 내가 구덩이 속에서 직접 얻은 두 번의 통찰 덕분이다.

내가 정한 길 위에서 살아야 한다

어려서부터 디자이너가 되고 싶었다. 디자이너가 되려면 미대를 나와야 한다고 막연하게 생각했다. 그림을 배우기 시작한 건 수능이 얼마 남지 않은 고3의 11월 어느 날이었다. 미대 실기는 수능 후 두 달 뒤에 치러졌다. 얼마 남지 않은 짧은 시간이나마 그림을 배워 어느 대학이든 들어가 디자인을 전공하고 싶었다. 그럴 형편이 아닌데도 엄마를 졸라 '아빠 몰래 3개월만'이라는 조건으로 학원을 등록했다.

학원에 간 첫날, 나는 구석에 앉아 선을 그리는 연습을 했다. 화실 중앙에서는 동갑내기 친구들이 석고상을 둘러싸고 한창 실기 시험을 보고 있었다. 커다란 이젤에 커다란 종이를 걸어놓고 3시간 안에 그림을 완성하는 형식이었다. 10명 정도의 학생이 눈 깜짝할 사이에 그림을 그려내는 모습은 생전 처음 보는 놀라운 광경이었다. 입을 다물지 못한 채 신기해하며 구경하던 중에 익숙한 얼굴 하나가 눈에 들어왔다.

중학교 동창이 그곳에 있었다. 오래전부터 그림 그리기를 좋아했던 나와는 달리, 중학교 시절 기억 속 그 친구는 그림에 조금도 관심이 없었다. 그래서 미술 학원에서 만나리라고는 더더욱 상상도 못 했다. 보지 않고 지내온 3년이라는 시간 동안 우리 둘 사이에는 어마어마한 격차가 벌어져 있었다. 이는 내게 감당하기 어려운 충격이었다.

친구들 틈에 끼지 못한 채 구석에 혼자 앉은 내 모습이 문득 초라해 보였다. 두세 달 배워서 어느 대학이든 들어가겠다고 생각했던 나 자신이 한심했다. 왠지 모르게 억울하고 화도 났다. 나는 깊은 구덩이에 빠져버렸다.

베스트셀러 작가 히스Heath 형제의 책 《순간의 힘The Power of Moments》은 삶의 방향을 바꾸는 결정적 순간에 관해 이야기한다. 오래 기억될 만큼 깊은 의미를 가진, 짧은 경험의 '결정적 순간'은 긍정적일 수도 있고 부정적일 수도 있다. 그들이 설명하는 결정적 순간은 세 가지로 분류할 수 있다. 바로 전환점, 이정표, 구덩이다.

결정적 순간 중 부정적인 편에 가까운 구덩이는 시련과 함께 찾아오지만, 상황을 뒤집어 절정으로 변환시키는 통찰을 주기도 한다. 미술 학원에 간 첫날은 나에게 전환점인 동시에 구덩이였다. 더불어 예상하지 못한 통찰을 안겨준 순간이기도 했다.

집안 형편 핑계를 대고 부모님 눈치를 보며 적당히 진로를 타협한 것, 나는 아직 10대이고 학생이니까 할 수 있는 게 없다며 긴 시간을 무력하게 흘려보낸 것, 디자이너가 되고 싶단 말만 하고 관련한 어떤 준비도 하지 않은 것. 동창의 얼굴을 보는 순간 나는 불편한 진실들에 걸려 넘어졌다. 그리고 바로 지금 내가 마주해야 할 일이 무엇인지 깨달았다. 집에 가자마자 내가 깨달은 것을 이실직고했다. "엄마, 나 재수할 거야. 그림 제대로 배우고 싶어."

학창 시절 내내 "우리 집에 재수생은 없으니까, 하고 싶으면 스스로 벌어서 해"라는 말을 들으며 자랐다. 그런 내가 엄마에게 그림을 배우겠다고, 재수를 하겠다고 선언했다. 마음 한구석에는 부모님이 도와주길 바랐지만 기대한 대답은 들을 수 없었다. 내가 택한 길에 스스로 책임을 져야 했고, 고등학교를 졸업하기도 전에 취업을 했다. 입시를 준비하며 3년의 시간을 보낸 나는 23살에 디자인 대학에 들어갔다.

첫 번째 구덩이에서 깨달은 것은 '나는 나로 살아야 한다'는 거였다. 원하는 일을 하지 못하는 상황에서 타인 또는 특정 상황을 핑계로 삼으며 자신을 속여서는 안 된다는 사실이었다.

20살 이후 3년은 짧지 않은 시간이었고 힘든 일도 있었지만 나에겐 고난의 세월이 아니었다. 느리지만 바른 방향을 찾아 걸어가는, 직업인으로서의 첫 여정이었다.

이정표인 줄 알았던 또 다른 구덩이

아이러니하게도 두 번째 구덩이는 내가 다녀본 곳 중 가장 평온한 회사에서 불현듯 찾아왔다. 직전에 다녔던 회사는 굉장히 힘든 곳이었다. 다니는 동안 무리할 정도로 일을 많이 하느라 건강이 안 좋아졌고, 감정 에너지 소모도 상당했다. 신체적, 정신적으로 탈진한 상태인 번아웃Burnout을 경험했다. 퇴사 후 나는 보상을 받겠다고 작정한 사람처럼 이전 직장과 모든 면이 반대인 회사를 찾아 입사했다.

집과 가깝고, 야근 없고, 작업자의 의견을 존중해 일정을 잡고, 함께 일하는 사람들이 모두 '정상' 범주에 포함되는 회사였다. 심지어 건물 한 층은 통째로 카페테리아로 만들어 놨었다. 근무 시간 중에 언제든지 방문하면 교대로 근무하는 전문 바리스타 2명이 맛있는 커피를 공짜로 내려줬다. 한쪽 벽 전체가 통유리라 전망 좋은 큰 공원이 한눈에 내려다 보였다. 직원들이 근무하는 자리는 모두 성인 키만 한 칸막이로 나뉘어 독립된

공간을 제공했다. 상사의 눈치를 보지 않고 주체적으로 일을 진행하도록 권장했다. 원하는 모든 복지가 충족되는 곳이었다.

어제도, 오늘도 평온했으니 내일도 틀림없이 평온할 것이었다. 불과 몇 개월 전 전쟁터 같은 곳에서 처절한 모습으로 기어 다니던 나는, 언제 그랬냐는 듯 이직한 이곳에서 멀쩡하게 지냈다. 가끔씩 불쑥불쑥 고개를 드는 불안감쯤은, 극심한 번아웃을 겪고 난 뒤 남은 감정 정도로 넘겨버리면 그만이었다. 지금 내겐 문제 될 것이 없었으니까. 지금 떠올려 보면 부디 그랬으면 좋겠다고 생각했던 것 같지만.

카페에서 따뜻한 커피를 마시며 여유롭게 창밖을 보고 있던 어느 날, 나는 문득 생각했다. '이 회사에서 1년을 보낸다면 어떨까. 2년을 보낸다면? 그리고 3년을 보낸 뒤에도 분명 지금처럼 여유롭고 평온하겠지? 와… 나는 참 평온한 구덩이에 앉아 있구나.' 심리학자 로이 바우마이스터Roy Baumeister는 구덩이 속에서 깨닫는 갑작스러운 통찰에 '불만의 실체화'라는 이름을 붙였다.

회사 전체 300명의 직원 중 90%가 개발자였고, 디자이너는 단 7명이었다. 개발자 출신의 대표님은 쾌활하고 적극적이었지만, 개발자의 업무 환경을 향상하는 데 더 관심을 두는 분이었다. 디자이너의 역량은 담당 개발자의 역량에 따라 좌우될 수밖에 없는 구조였다. 이 조직 안에서 디자이너인 나는 개발자들이 요구하는 일정 안에 일정한 수준으로, 적당한 산출물을 내며, 종종 여유롭게 커피도 마시면서, 성장하기를 멈춘 채 서서히 퇴보할 것이었다.

눈앞에 펼쳐진, '불안하지만 안정적인 미래'를 인지한 순간이었다. 그때 내 안에 축적된 여러 개의 불만과 불안과 의혹이 한순간에 연결되며 형체를 드러냈다. 오래전 첫 번째 구덩이에서 깨달은 통찰이 다시 한번 나를 찾아왔다. '나는 나로 살지 못하고 있어.' 그렇게 이 회사는 내가 정규직으로서 근무한 마지막 직장이 되었다.

안정감이 들 때 방향을 틀어라

"왜 그만두는 거야? 미래가 불안하지 않아? 조금 더 남아서 일해보고, 그래도 아쉬우면 그때 그만두면 되잖아."

점차 자리가 잡혀가는 프리랜서 생활을 그만두고 사업을 시작한다고 했을 때, 주변 사람으로부터 들은 말이다. 가족도, 직장 동료도, 친구도 모두 같은 말을 했다. 응원보다는 걱정, 기대보다는 불안을 드러냈다.

그들에게 안정이란 '성실히 일하고 매달 일한 만큼의 월급을 받는 직장생활'을 의미했다. 그렇지만 그들과는 다르게 나는 정규직으로 일한, 10년이란 시간 내내 불안했다. 같은 모습으로 제자리에 머물러 있는 상태를 견디지 못하는 사람이기 때문이다. 나는 매일 나 자신에게 물었다. "이곳에서 1년을 보낸 후에 나는 어떤 모습일까?"

질문에 별다를 것이 없다는 답이 나올 시점이면 나는 늘 이직했다. 지금 하는 일이 너무 쉽다고 느낄 때, 모르는 것이 없어져 일을 해도 배운다는 느낌이 들지 않을 때, 모르는 걸 물어볼 사람은 없는데 내게 질문하는 사람들만 있을 때 나는 무척 막막했고 불안정했다.

나에게 안정이란 '매일 조금씩이라도 나아지고 있는 상태'를 의미한다. 지금 생각하는 것을 내년에도 똑같이 생각하고, 지금 하는 일을 내년에도 똑같이 하는 것이야말로 불안한 상태 아닐까? 조직에 의존해 먹고사는 생활엔 반드시 유통기한이 있다. 나는 원하는 만큼 원하는 시점까지 원하는 방식으로 일을 하고 싶다. 다른 사람이 직장에서 느끼는 안정감이 나에겐 정체감을 줬고, 그 정체감에서 벗어날 때마다 나는 점점 내 일의 유통기한과 한계를 뛰어넘고 있다고 생각한다.

4년을 꽉 채워 다닌 첫 회사를 그만두고 출판 학교에 입학한 순간, 모든 조건이 쾌적했고 복지까지 좋았던 정규직을 그만두고 프리랜서로 전향한 순간, 프리랜서로 연 수익 1억 원을 넘기던 생활을 접고 스타트업을 시작했던 순간. 주변 사람들은 모두 내게 이 안정을 왜 포기하느냐고 물었다. 그렇지만 이 모든 순간들은 불안정에서 안정으로, 정체에서 성장으로 길을 찾아가는 선택이었다.

도로에서 벗어난 다크호스

넷플릭스, 아마존, 구글, 유튜브, 페이스북, 트위터 등 지금 세상을 뒤덮고 있는 소셜미디어는 '개인화'라는 공통점을 가지고 있다. 그들은 온·오프라인으로 소비자 개인의 성향에 맞춰진 콘텐츠와 상품을 제공한다. 이는 우리에게 많은 편의와 새로운 취향을 선사했다. 그러나 여전히 우리에겐 구닥다리 시대가 만든, 견고한 장벽에 갇혀 생긴 하나의 선입견이 있다. 바로 성공의 표준 모델이다.

산업화 시대의 '표준 시스템'은 상품 표준화를 넘어 인간을 표준화하기에 이른다. 우리는 태어나 12년의 학창 시절을 통과한 뒤, 대학을 거쳐 직장에서 일한다. 이후 수십 년 간 일하다가 은퇴하는 순간까지 표준화된 일직선 도로를 달린다.

두 번째 구덩이에서 내게 찾아온 '불만의 실체화'는 단지 몇 개월, 몇 년 때문에 생겨난 게 아니었다. 내 인생에서 디자이너로 살아온 시간 전반에 걸쳐 만들어진 것이었다. 통찰의 순간에 목격한, 무한히 뻗어 있는 단조로운 일직선 도로는 내가 오랜 세월 철저히 표준 시스템 속에서 착실하게 살아왔음을 느끼게 해주었다. 이에 더욱 안타깝게도, 이 도로는 첫 번째 통찰의 순간에서부터 시작되었다는 것도 깨닫게 되었다.

지극히 정상적인 경로의 결말

19살의 나는 디자이너가 되기 위한 '지극히 정상적인 경로'가 있을 것이라 생각했다. 학원에서 그림을 배우고, 대학에 진학해 디자인을 전공하고, 디자인 전문 회사에 취업해서 멋있는 디자인을 많이 하고, 누구나 알 만한 유명한 회사에 들어가는 것. 그래서 많은 연봉을 받고 유명해지는 것이 당시에 내가 그릴 수 있는 최고의 성공이었다. 성공을 위해 내가 할 수 있는 일은, 모두가 암묵적으로 동의하고 있는 표준 경로를 따라 목적지를 향해 열심히 노력하면서 끝까지 버티는 것뿐이었다. 돌이켜 보면, 너무 단순하게 평생의 진로를 그려놓고 달렸던 것 아닌가 하는 생각뿐이다.

상상의 범주가 지나치게 좁았던 것, 다른 길을 보지 못했던

디자이너가 되기 위한 ~~세상 단순한~~ 일직선 도로

것은 표준이 아닌 방식으로 생각하는 법을 배우지 못했기 때문이다. 표준 시스템 안에서는 모두가 그 시스템이 요구하는 똑같은 일을 수행한다. 그리고 그 똑같은 일을 더 빠르고 더 훌륭히 해내는 사람이 성공한다. 요구 조건에 찰떡같이 잘 맞는 기질을 가진 사람이 아니라면? 자신의 개성을 억누르고 자기 자신을 속이며 살아야 한다. 일직선 도로 위에서 개성은 해결해야 할 문제로 규정되어 제재받는다.

나는 '적당히'를 모르는 사람이다. 좋아하는 것과 싫어하는 것, 하고 싶은 것과 하기 싫은 것의 온도 차이가 극명하다. 원하는 일을 할 때는 "대체 이렇게까지 하는 이유가 뭐야?"라는 말을 들을 정도로 파고든다. 하지만 그 외의 것들은 완전히 무관심의 영역으로 분류하고 신경 쓰지 않는다.

이런 성향은 학창 시절까지만 해도 특이하고 재밌는 사람으로 친구들에게 받아들여졌다. 하지만 표준 시스템의 성공 경로에 올라타기 위해서는 내 기질을 조직의 요구에 끼워 맞추거나 숨겨야만 했다. 표준화는 내가 오랜 세월 동안 막연한 불안감에 시달리게 만든 근원적인 존재였다.

앞서 등장한, 개개인학 연구자 토드 로즈는 개개인성에 충실한 삶을 사는 사람을 가리켜 다크호스dark horse라고 부른다. 다크호스는 구덩이 속에서 깨달은 통찰을 발판 삼아, 표준 경로에서 벗어나는 과감한 선택을 한다.

개개인학의 관점에서 봤을 때 인간의 발달 과정에는 '단 하나의 정상적인 경로'란 없다. 생물학적이든, 정신적이든, 도덕적이든, 직업적이든 그 종류를 막론하고 말이다. 특히 개인화 시대의 성공 경로는 다음의 두 가지 원칙을 바탕으로 한다.

1. 어떤 목표를 향한 여정이든 길은 여러 갈래이며, 그 길은 저마다 동등한 가치를 가진다.
2. 나에게 가장 잘 맞는 경로는 나 자신의 개성에 따라 결정된다.

조직에 소속되어 일할 때 막연한 불안, 불편을 느끼고 있다면 섣불리 내 문제라고 판단하지 않았으면 한다. 그 감정은 조직과 시스템에서 비롯된 부산물이기 때문이다. 조직이 지나치게 효율을 강조할수록 죄책감과 불안은 커진다. 표준화의 목적은 효율성의 극대화이며, 효율성은 개인이 가진 차이를 무시하는 것을 바탕으로 작동할 때 증가한다. 효율과 이윤을 위해 개인 성향을 희생시키는 것이다.

우리는 표준화 시대에서 개인화 시대로 넘어가는 과도기에 살고 있다. 표준화 시대에 사람들은 조직에 충성했지만, 개인화 시대의 다크호스들은 자기 자신의 미래에 충성한다. 조직의 성장보다 개인의 성장을 우선한다. 따라서 많은 사람이 기회가 생기면 언제든 떠날 준비가 되어 있는 '이직 준비생의 마음'

으로 직장에 다닌다. 이제 평생 직업은 있어도 평생직장은 없다.

최고 사양의 나를 만드는 수만 개의 이정표

　　성인이 되자마자 처음으로 취업한 회사는 부부가 운영하는 자판기 판매 회사였다. 남편은 대표, 아내는 경리였고 5명의 영업 사원이 있는 아주 작은 회사였다. 경리 파트 막내였던 나는 정해진 시간보다 일찍 출근해 직원들의 책상을 닦고 정리하는 일, 직원들이 원할 때 커피를 타다 주는 일, 은행으로 수표나 어음을 갖다주는 일 등 온갖 허드렛일을 도맡아 했다. 고등학교를 갓 졸업해 순진했던, 아무것도 모르는 상태로 시작했던 첫 직장에서의 나는 매일 모든 것에 서툴렀다.

　　돈을 벌기 위해 나의 기질과 조금도 맞지 않는 일에 뛰어들었던 건, 그 당시의 내가 나를 위해 할 수 있는 최선의 선택이었다. 하지만 만일 누군가가 내게 와서 잠시 멈추고 나만의 개개인성을 들여다보라고, 그다음에 내게 맞는 진로를 정하라고 알려주었다면 어땠을까? 조금은 다른 선택을 했을지도 모른다.

　　나는 현재 온라인 커뮤니티형 서비스 사업을 운영하고 있다. 아빠는 지금까지도 전에 다닌 평온하고 안정적인 회사가 아깝다고 이야기한다. 하지만 나는 내 가치관을 중심으로 일할 때 안정감을 느끼는 사람이다. 그래서 퇴사에 조금도 아쉬움이 없다.

기한 없이 늘어져서 일하는 것, 불필요한 중간 절차로 효율이 떨어지는 것, 작은 부분이나마 주체적으로 결정하지 못하는 것을 견디지 못하는 사람이다. 어제보다 오늘 아주 조금 더 어려운 일을 하는 것을 좋아하고, 지금보다 나아진 게 없는 미래의 모습을 상상하면 소름이 돋는 사람이기도 하다. 그런 나의 개개인성에 맞는 일을 찾아 먼 길을 달려 여기까지 왔다. 하지만 이제 분명히 알고 있다. 사람들이 일반적으로 생각하는 좋은 길이, 꼭 나에게도 좋은 길이 아닐 수 있다는 걸.

앞으로 내가 걸어갈 구불구불한 길 위에는 내가 세운 수만 개의 크고 작은 이정표가 놓일 것이다. 나에게 있어 성공이란, 매일 1%씩 끊임없이 발전하고 성장하며 최고의 나를 갱신해 나가는 일이다.

누군가 내 이야기를 운이 좋았거나, 예외적인 상황이라 생각한다면 그것이야말로 개개인성의 핵심이라는 사실을 전하고 싶다. 우리는 모두가 특이하고, 예외적이다. 다른 사람의 개인화된 성장의 여정을 똑같이 모방할 수는 없다. 저마다의 관심사와 재능과 기회가 다르기 때문이다.

나는 내가 선택한 길 위에서 살기로 했다. 더불어 자기 자신으로 살아가는 사람들이 많아져 각자의 길을 응원해 줄 수 있다면 좋겠다. 실제로 과도기를 넘어 그런 세상이 오고 있다. 저마다 자신이 선택한 구불구불한 길 위에서 스스로 승자가 되는 다크호스의 시대가.

2장

나는 뭘 알고 뭘 모를까 :
자기 발견

- [ ]
- [ ]
- [ ]
- [ ]
- [ ]
- [ ]
- [ ]
- [ ]

나는 나에게 묻는다

"진선 님 덕에 이직에 성공했습니다!"

나는 한 달 동안 참가자들이 이루고 싶은 프로젝트를 개설해 함께하는, 온라인 실천 기록 커뮤니티 '한달어스'를 운영한 적이 있다. 내가 진행한 '자기 발견 프로그램'에 참가했던 한 회원에게서 연락이 왔다. 하루에 하나씩 자기를 돌아보는 질문에 답을 하는, 30일의 자기 발견 여정이 끝나던 시점이었다. 오랜 고민 끝에 퇴사를 결심했다면서, 좋은 소식이 생기면 꼭 연락한다던 사람이었다.

나는 선생이 아니다. 멘토도, 롤모델도 아니다. 그저 남들보다 조금 먼저 자기 발견을 시작해 삶에 스스로 이름표를 붙이는 법을 알게 된, 평범한 한 명의 '자기'일 뿐이다. 삶의 굴곡마다 나 자신에게 던졌던 질문들, 그에 대한 나의 답을 참가자들에게 보여준다. 수많은 '자기'는 먼저 걸어간 사람의 흔적을 참고해 '자기만의 답'을 찾는다. 정해진 완벽한 답을 알려주는 것이 아니라 직접 본인이 답을 찾도록 길을 안내한다. 어떻게 자기를 발견해야 하는지 모르는 사람들이 자신과의 대화를 시작할 수 있도록 돕는 것이 내 역할이다.

당신만의 북극성

어떤 질문에서, 어떤 문장에서, 어떤 맥락에서 참가자들이 깨달음을 얻는지 나는 알지 못한다. 그저 한 사람의 진실된 경험을 보여줄 뿐이고, 이를 마주한 '자기'들은 저마다의 경험과 지혜로 모두 다른 지점에서 모두 다른 힌트를 얻고 각자 자신의 길을 찾아간다. 그래서 나는 물었다. "자기 발견과 글쓰기가 자신의 길을 가는 데 어떤 도움이 되었나요?"

그가 말했다. "처음엔 이직을 결심하는 데 계기가 되어줬습니다. 당시 저는 번아웃에서 막 벗어나고 있는 상태였습니다. 자기 발견 질문에 답하며 내가 원하는 삶과 회사에 대해 생각했고 이직을 결심했습니다. 또 자기소개서와 면접에 많은 도움이 됐습니다. 자기 발견을 위해 묻고 답하는 일은 나를 알아가는 과정이었습니다. 그 내용들은 처음 본 사람에게 나를 소개하는 일에 큰 도움이 되었습니다. 그중 '당신에게 성공이란 무엇을 의미하나요?'라는 질문과 답이 기억에 남네요. 그 질문을 토대로 어떤 개발자가 되고 싶은지, 성공이란 무엇인지 저만의 언어로 정리할 수 있었습니다. 한 달 동안 쓴 글들로 포트폴리오를 만들었던 경험도 큰 도움이 됐어요. 한 달 동안 빠지지 않고 실천했다는 것으로 성실함을 증명할 수 있었습니다."

"당신의 북극성은 무엇인가요?" 그에게 다시 물었다. (나는 '평생에 걸쳐 추구하는 나만의 목적'을 북극성이라고 부른다.) 그가 답했다. "개발로 사람들을 자유롭게 하는 것입니다." 안드로이드 개발자인 그가 자신의 언어로 정의한 '개발'은 '사람들이 저마다 좋아하는 일을 할 수 있도록 시간을 벌어주는 일'을 의미한다. 단순 반복으로 시간 낭비하지 않도록, 비효율적인 절차로 소진하는 에너지가 없도록 자신의 능력으로 타인과 세상에 기여하는 것. 이것이 바로 그가 평생에 걸쳐 추구할, 그만의 북극성이다.

자기 지식을 축적할 것

사람은 '자신을 잘 안다고 생각하는 사람'과 '실제로 자신을 잘 아는 사람', 이렇게 두 종류로 나눌 수 있다. 조직심리학자 타샤 유리크Tasha Eurich에 의하면 자신을 잘 모르는 사람은 직업을 통해 얻는 성취감이 떨어지며, 길이 막혔을 때 무엇을 해야 할지 파악하기를 어려워한다. 자기 발견 프로그램을 이끌고 사람들을 만나면서 알게 된 것은, 놀라울 정도로 많은 사람이 진지하게 스스로를 돌아보는 경험을 해본 적이 없다는 사실이다. 사람들은 자기가 얼마나 많은 것을 가지고 있는지 모르고 살아간다.

취업, 이직, 글쓰기, 퍼스널 브랜딩, 연애, 사업. 무엇을 하든 가장 먼저 해야 하는 것은 나를 잘 아는 일이다. 제1의 정체성이 디자이너인 나는, 삶을 사는 것이 곧 나를 디자인하는 것이라 생각한다. 나를 디자인한다는 것은 다른 말로 능동적으로 자기 삶을 만들고 구성해 나간다는 의미다. 나답게 일하며 성장하기 위해서는 반드시 자기 지식Self-Knowledge을 축적하는 경험, 즉 자기 발견을 해야만 한다. 나를 아는 사람만이 나를 만들어 갈 수 있기 때문이다. 자기 발견은 자신의 모습을 이해하려는 의지이자 기술이다.

자기 발견의 목표는 일과 삶에 충실할 수 있도록 뒷받침해 주는 '의미'와 타인과 나를 구분해 주는 '차별성'을 갖는 것에 있다. 일상에서, 나아가 일생에서 한 번도 스스로에게 묻지 않을 질문들을 던지며 안과 밖, 과거와 현재와 미래, 강점과 약점, 불행과 행복, 고난과 극복, 직업관, 삶의 목적 등에 대해 탐구할 수 있도록 안내한다. 자기 발견을 통해 우리는 다 측면으로 나 자신을 공부한다. 그리고 대외적으로 드러낼 모습을 선별함으로써 스스로를 디자인한다.

- 지금 내가 하는 일은 무엇인가?
- 지금의 나를 있게 한 뿌리는 무엇인가?
- 평생에 걸쳐 추구할 나의 북극성(목적)은 무엇인가?

당장 답을 하기에 이 질문들이 너무 어렵고, 막연할 수 있다. 그렇지만 온전히 자기 자신에게 집중하는 시간을 가져본 사람과 아닌 사람 사이에는 분명 격차가 생긴다. 시간이 지날수록 이 차이는 점점 벌어질 수밖에 없다. 자기 일과 삶의 답을 밖에서 찾는 사람은 끊임없이 불안하다. 북극성을 가진 사람은 하는 말, 행동, 크고 작은 선택들이 모두 하나의 방향을 가리킨다. 이 모든 것은 일관성을 가지게 되고, 마침내 내 실천의 증거가 되어 결국 자기 정체성을 이룬다.

성장하는 사람에게는 자기 자신을 새롭게 재정의하도록 요구하는 질문이 매일 눈앞에 나타난다. 자신을 안팎으로 관찰하며 질문하고 특성을 발견해 가는 자기 발견은 결코 한 번에 끝나지 않는다.

내 일을 뭐라고 소개할까

"그럼 이제 디자인은 안 하는 건가요?"

내가 요즘 가장 많이 듣는 말이다. 이 질문을 받을 때마다 차오르는 복잡한 심정을 어디서부터 어떻게 설명해야 할지 막막해져 늘 입을 닫게 된다.

디자인이라는 단어는 참 많은 존재를 품는다. 흔히 떠올리는 예쁜 장식이나 세련된 감각은 물론, 커뮤니티, 콘텐츠, 개념, 관점, 관계, 규범 등 보이지 않는 무형의 가치를 설계하고 구현하는 것까지 모두 디자인 영역에 포함시킬 수 있다. 같은 단어라도 누가 어떻게, 어떤 방식으로 사용하느냐에 따라 그 의미가 방대해지기도, 지극히 좁아지기도 한다.

디자이너는 생각을 가시적으로 표현하는 일을 한다. 하지만 이것이 디자이너가 하는 일의 전부는 아니다. 제품의 외관도 당연히 중요하지만, 디자인이라는 작업은 그보다 더 중요한 역할을 많이 맡고 있다.

디자이너가 디자인할 수 있는 대상의 한계는 어디까지일까? 나는 감히 한계가 없다고 말하고 싶다. 눈에 보이지 않는 것도, 손에 잡히지 않는 것도, 심지어 나 자신조차도 디자인의 대상이 될 수 있다고 믿으니까. 나는 자기 발견을 통해, 삶의 태도로서의 디자인을 이야기한다.

내 일의 의미를 내릴 수 있어야 한다

솔직히 말하자면 10년 차가 넘어갈 때까지도 내가 하는 일이 무엇인지, 디자인이란 무엇인지 그 의미를 명확히 알지 못했다. 최근 몇 년 사이에 일과 전문성 그리고 디자인을 나만의 언어로 정의하며 세계관을 구축하고 나서야 내 일에 대한 이해가 가능해졌다. 시간을 갖고 나름의 정리를 마친 후에야 비로소 마음의 평안을 얻을 수 있었다.

나에게는 북극성이 있다. 바로 '가능성을 보는 사람, 영감을 주는 사람'이 되는 것이다. 내게 디자인이란 '줄 맞추기'에 가깝다. 전체를 이루는 각각의 요소들이 저마다 있어야 할 곳에 위치하도록, 제 기능을 최대한 발휘할 수 있도록 만드는 것이 디자인이다. 요소들은 평면의 그래픽일 수도, 사람들의 머릿속에서만 존재하는 규범일 수도, 글자로만 이루어진 콘텐츠일 수도, 무형의 서비스를 생산하는 스타트업일 수도, 때로는 한 사람의 가능성일 수도 있다.

가능성을 보는 사람, 영감을 주는 사람이라는 문장을 완성해 나가는 여정은 이제 시작이다. 플랫폼에서 자기 발견 프로젝트를 이끄는 나이지만, 실천을 지원하는 커뮤니티를 운영하고 있는 나이지만, 사수 없이 스스로 성장하는 법에 대한 글로 수상을 한 나이지만, 그럼에도 불구하고 어떤 시기에는 북극성이 빛을 잃고 흔들릴 때가 있다. 과거의 내가 발견한 자기 지식은 불완전하기 때문이다.

- 내 일이 사람들에게 유효한가?
- 내 일이 사람들에게 긍정적인 영향을 미치는가?
- 내 일이 형식적으로만 진행되고 있지는 않은가?
- 내 일이 오래 지속할 가치가 있는가?

앞으로 기업은 지적 자본을 갖추고 있는 인재들을 얼마나 많이 보유하고 있느냐에 따라 성패가 갈린다고도 할 수 있다. 내 일을 예로 들어보자면, 디자인을 잘한다는 것은 다른 말로 기획력이 있다고 할 수 있다. 기획력이 좋다는 말은, 새로운 것을 제안하는 능력이 있다고도 할 수 있다. 이처럼 내가 이야기하는 이유는 '나의 일을 무엇으로 정의할 것인가?'라는 질문을 스스로에게 진지하게 던져보길 바라기 때문이다. 내 일을 좁은 범위로 설정하면 그만큼 앞으로의 가능성도 좁아질 수밖에 없고, 넓은 범위로 설정하면 그만큼 가능성도 넓어지게 된다.

자기 발견의 첫 번째 단계는 '내 일을 무엇이라고 정의할까?'라는 질문을 마음에 품고 일정 기간을 지내는 것이다. 이건 구직자에게만 해당하는 과제가 아니다. 자신이 속한 분야에서 실력을 쌓으며, 계속해서 성장하고, 오래 일하려면 누구나 자기 자신에게 던져야 하는 공통의 질문이다.

어디서 답을 찾아야 할지 모르겠다면 일단 서점에 가보자. 내 일과 관련된 분야 매대 앞에 서서, 꽂혀 있는 책들을 쭉 훑어본다. 서점에서 어떻게 책을 분류하고 있는지 한 권씩 살펴보라는 게 아니다. 꽂힌 책들을 전체적으로 훑으며 내가 속한 분야의 큰 그림을 그려본다. 대략적으로 내가 속한 분야가 어떤 카테고리로 구성되어 있는지 한눈에 보이도록 펼쳐볼 필요가 있다.

서점이 정해 놓은 매대에는 한 번쯤 읽어보면 좋을 만한 책들이 빠져 있을 때가 많다. 그렇다면 우선 작은 지도를 먼저 그리고 메우는 식으로 시작해 보자. '나는 이 부분은 잘 알아.

이 부분은 전혀 모르고 있네. 이 부분은 알긴 알지만 띄엄띄엄 알고 있어.' 이처럼 그 그림에 직접 나 자신을 대입해 현주소를 파악한다. 어디로 가야 할지 방향을 정하기 위해 가장 먼저 해야 할 일은 내가 지금 어디에, 어떻게 서 있는지를 파악하는 것이다. 그러니 거칠어도 최초의 지도를 그리고 거기서부터 시작하는 게 좋다.

난생처음 만나는 '나'

앞서 말한 자기 발견의 과정은 생각을 훈련하는 과정이기도 하다. 이는 어떤 의미일까? 자기 발견을 해야겠다고 마음먹은 사람이라면 아마도 '어떤 불안'을 가지고 있을 것이다. 요즘 같은 시대에 일과 삶에서 내 행보는 적절한지, 내 방향은 어디로 향하고 있는지 의문을 가져보지 않은 사람은 없을 것이다.

하지만 공포와 불안은 다르다. 공포는 대상이 실제로 존재할 때, 그 대상이 무엇인지 알고 있을 때 느끼는 감정이다. 반대로 불안은 대상이 실재하는지 모르거나, 실체가 무엇인지 모르는 상태에서 느끼는 감정이다. 우리가 가진 감정이 어떤 종류인지 집중해 보면, 아마 공포보다는 불안에 더 가까울 것이다.

나는 예전부터 만성적인 불안에 시달렸다. 정확히는 모르지만 마음이 편안하지 않고 조마조마한 상태로 오랜 시간을 살아왔다. 그러던 어느 날 '나는 왜 불안한가?'라는 질문을 나 자신에게 던졌다. 곰곰이 헤아려 보니 불안은 모호함에서 비롯된다는 것을 깨달았다. 그렇다면 모호하다고 느끼는 대상을 선명하게 만들면 해결할 수 있지 않을까? 바로 이를 실천하기로 다짐했다.

우리가 모호함을 느끼는 이유는 생각을 대충하기 때문이다. 다른 말로 설명하면 '생각을 애매한 시점에서 멈춘다'는 것이기도 하다. 평소에 "생각해 봤는데"라는 말을 자주 하지만, 스스로 납득할 수 있을 정도로 명확하게 생각하는 사람은 많지 않다. 자기 발견은 모호해서 불안했던 나 자신을 선명하게 만드는 과정이다. 우리는 자기 발견을 통해 다양한 측면에서 자신을 보고, 생각하고, 가시화할 수 있다.

디자이너로 일하면서 주변을 관찰해 보니 생각보다 많은 사람이 적당하다고 느끼는 수준에서 생각을 멈춘다는 걸 알게 됐다. 단순히 생각의 양이 적다는 걸 말하는 게 아니다. 떠오른 생각을 앞으로 계속 밀고 나가지 않는다는 말이다. 아마 방법을 몰라서일 수도 있고, 어쩌면 귀찮아서일 수도 있다. 하지만 그 이유가 무엇이든 생각에도 수준이 있다. 생각은 훈련이 필요한 일이다.

경험을 발굴하세요 : 뜻밖이지만 내 것

"너무 막연한데요. 아무것도 떠오르지가 않아요." 특정 주제에 관해 생각할 때 이처럼 말하는 사람이 많다. 이는 머릿속에 가지고 있는 게 무엇인지 정확히 알지 못하기 때문이다. 대부분은 자기가 가진 생각의 재료를 알아보지 못하거나 과소평가한다. 목표를 달성한 성취의 순간, 어려움을 이겨낸 극복의 순간 모두 자산이 될 수 있다. 내 경험, 지식, 성향, 취향은 눈에 보이지 않지만 분명히 실재하는 나만의 자산이다. 모든 경험은 저마다 역할과 의미를 지닌다. 어떻게 해석하는가에 따라 그 가치가 달라질 뿐이다.

자기 발견 프로젝트 참가자가 말했다. "자기 발견을 통해, 제 경험의 가치를 깨달았다는 점이 가장 좋았습니다. 이직 준비를 하면서 경험을 잘 발굴해야 좋은 자소서가 나온다는 말을 여러 번 들었지만, 어떻게 해야 하는지 늘 막막했거든요. 자기 발견의 질문들이 그 '어떻게'를 채워줬습니다. 가시적인 경험을 써야 한다는 부담감 때문에 성과가 없는 경우는 쓸모없다고 여겼어요. 그러나 자기 발견 질의응답을 통해 수치로 증명할 수 없더라도 소중하고 값진 경험이 제게 많다는 걸 알게 됐습니다. 이런 질문들을 몰랐다면 여전히 이리저리 휘둘리며 자소서를 쓰고 있었을 거예요."

누구나 유의미한 콘텐츠로 개발할 수 있는 재료를 가지고 있다. 그 재료는 '고유한 성향, 경험, 지식, 사유'로 구분된다.

- **고유한 성향 : 타고난 것, 의식하지 않아도 이미 하고 있는 것**
- **경험 : 해본 것**
- **지식 : 공부한 것**
- **사유 : 깨달은 것, 체화한 것**

어떤 범주의 재료를 얼마나 가지고 있는가에 따라 개인이 만들어 낼 수 있는 이야기의 성격도 달라진다. 혹시 이미 가진 재료가 많은데 정리가 되지 않는다면 이는 세분화해서 생각하는 방법을 모르기 때문이다.

"당신은 누구인가요?"라고 물었을 때 대다수의 사람은 자신의 내부를 들여다보는 내적 발견을 시도한다. 그런데 내면에만 머물러 있으면 정체성을 확립하는 데 어려움을 겪게 된다. 자기 발견은 밖에서 사람들이 나를 어떻게 보는지 아는 것을 포함한다. 내적 자기 발견과 외적 자기 발견은 비교할 필요 없이 모두 중요하다. 자기 안의 다양한 정체성을 지나치게 단순화 하고 있지는 않은지, 표면만 파악한 상태로 다 알고 있다고 생각하지 않는지 유의해야 한다. 자기 발견은 '내가 직접 정의한 나만의 용어 사전'을 가지는 일이니까 말이다.

중력을 탓하지 마라

        내 일을 잘하기 위해 가장 먼저 해야 할 일은 현상황을 파악하는 것이다. 내가 통제할 수 있는 것과 없는 것이 무엇인지 구분하고 인지해야 불필요한 시행착오를 줄이고 강점에 집중할 수 있기 때문이다. 그래서 일하는 과정에서 내가 자주 마주하는 장애물이 무엇인지 이해하는 일은 매우 중요하다.

    주변을 살펴보면 나와 같은 종류의 장애물을 맞닥뜨리는 사람이 반드시 있다. 이 사람들과 장애물에 관해 공유하면, 자연스레 공감으로 연결될 수 있다. 자신의 장애물을 잘 아는 사람은 현명하게 대처할 수 있고, 이를 글로 적어 공유하면 타인에게 유용함과 용기를 전해줄 수 있다. 일단 장애물을 인지하는 데 있어 가장 중요한 두 가지 기둥, 중력 문제와 약점이 무엇인지 정리해야 한다.

사람은 누구나 해결해야 할 문제가 있다. 그렇지만 그 문제를 정확히 인지하는 것은 쉽지 않다. 어떤 문제는 직장과 연결되어 있고, 어떤 문제는 가족, 건강, 사랑, 돈과 관련되어 있다. 여러 영역이 뒤섞여 있는 문제도 있다. 때로는 문제가 너무 크게 느껴져 감히 해결할 시도조차 못하기도 한다.

해결해야 할 문제가 무엇인지 정의하는 것부터 시작해야 한다. 통제할 수 없는 문제, 문제가 아닌 문제, 중요하지 않은 문제를 분류하지 않고 해결하느라 몇 년씩 허비할 수도 있기 때문이다. 문제를 해결하는 것보다 문제를 제대로 발견하는 것이, 더 중요한 '문제'일지도 모른다.

누구도 피할 수 없는 힘 : 중력

스탠퍼드 디자인 대학에는 '디자인 유어 라이프Design your life'라는 수업이 있다. 디자이너가 학생의 삶을 놓고 진행하는, 인생 디자인 워크숍이다. 그 수업에서는 '중력 문제Gravity Problem'라는 용어가 등장한다.

중력 문제란 통제할 수 있는 범위 밖에 있는, 가짜 문제를 뜻한다. 어떤 사람이 자전거를 타고 언덕을 오르고 있다고 가정해 보자. 아마 힘들고 지쳐 투덜거릴 것이다. "망할 중력 때문에 힘들어 죽겠네. 이놈의 중력만 없었어도 편하게 올라갈 수 있을 텐데!"

중력을 탓하는 그의 말이 어떻게 들리는가? 중력은 자연 현상이다. 인간의 힘으로 어찌할 수 없는 것이기에 그저 받아들여야 한다. 중력과 씨름해 봤자 에너지를 허비하고 무력감을 느끼게 될 뿐이다. 중력을 탓하는 건 아무짝에도 쓸모가 없는 행동이다.

중력은 싸우고 극복해야 할 대상이 아니다. 자전거를 타고 언덕을 올라가기 힘들면 페달을 더 편하게 밟는 기술을 개발하거나, 자전거의 무게를 가볍게 만들거나, 꾸준히 운동을 해 체력을 키우는 방법으로 문제를 해결할 수 있다. 문제의 원인을 무엇으로 정의하느냐에 따라 절대로 해결할 수 없는 좌절의 대상이 되기도, 반대로 한번 해볼 만한 도전의 대상이 되기도 한다.

해결해야 할 문제가 발생했을 때, 내가 통제할 수 있는 요소가 있는지에 따라 방법이 결정된다. 내가 발견한 문제가 마치 중력처럼 통제보다는 기꺼이 수용해야 할 주어진 상황인지, 피할 수 없는 삶의 한 단면이 아닌지 파악해야 한다.

혹시 지금 바꿀 수 없는 현실과 싸우고 있지 않은가? 내가 통제할 수 없는 부분에 집착하고 있지는 않은가? 내 일의 주인이 되기 위한 자기 발견의 첫 단계는 '받아들이기'이다.

- 내가 해결해야 할 문제는 무엇인가?
- 그것은 해결할 수 있는 진짜 문제일까? 통제 범위 밖에 있는 건 아닐까?
- 중력 문제에 시간을 낭비하고 있지는 않은가?
- 나는 중력 문제에 어떻게 대처하고 있는가?

강점에 집중하고 약점은 관리하라

나의 강점이 무엇인지 아는 것만큼 나의 약점이 무엇인지 알고 인정하는 것 역시 중요하다. 약점은 크게 문제가 되지 않을 정도로 관리하면 괜찮다. 집중 관리하고 개선해 극복하거나 강점으로 바꿀 수 있는 대상이 아니기 때문이다. 그 사실을 분명하게 인지하고 있으면 큰 도움이 된다.

글로벌 리서치 회사 갤럽이 40년 동안 25만 명의 사람들을 대상으로 인터뷰한 결과를 토대로 만든 강점 이론이 있다. 지금부터 이야기할 강점과 약점에 대한 내용은 이 조사를 바탕으로 한다.

"강점에 집중하고 약점은 관리하라Focus on strengths and manage the weaknesses"라는 말이 있다. 강점 이론의 정수는 강점을 강화해 약점까지 보완하는 것이다. 이는 약점을 고치는 일 자체를 삼가

라는 뜻이 아니다. 자신의 약점을 있는 그대로 인식하라는 말이
나. 약점을 고치려는 노력은 더 이상의 실패를 막아줄 뿐이지,
약점을 강점으로 승격시키지는 못한다는 점도 상기해야 한다.

　　강점과 약점에 관해 우리가 흔히 갖는 편견이 있다. 첫 번
째로 사람들은 약점을 고치면 성공할 수 있다고 생각한다. 그
러나 약점을 고치는 일로는 겨우 평범한 수준에 도달할 뿐이
다. 두 번째로는 강점은 그냥 두면 알아서 강해진다는 편견이
있다. 그러나 강점은 저절로 빛나는 다이아몬드가 아니다. 강
점을 가진 재능에 기술과 지식을 더하며 단련해야 한다. 마지
막으로는 성공은 노력에 달려 있다는 편견이다. 그러나 무작정
노력하는 것은 무의미한 일이 되기 쉽다. 강점이 있는 분야에서
의 성공은 노력에 달려 있다고 봐야 한다.
　　그렇다면 약점을 인식하기 위해서는 어떤 기준이 필요할
까? 먼저 방어적 태도를 취하고 있는 부분이 있는지 확인해야
한다. 일을 진행할 때 특정 부분에서 현상을 유지하려고만 하진
않는지, 절차나 단계를 지나치게 의식하진 않는지 자문해 본다.
약점은 일을 하며 확신과 전망을 갖지 못하게 만들 수 있으므
로, 이러한 불안감이 생기는지도 체크한다. 이 과정에서 우리는
쉽게 피로를 느끼는데, 이 점도 주의 깊게 관찰해야 한다.

성향은 알수록 강점이 된다

내가 가진 것이 무엇인지 생각할 때 고려해야 할 또 다른 한 가지는 성향이다. 실력이 후천적인 연습과 노력으로 얻는 것이라면, 성향은 태어날 때부터 가지고 있는 것이다. 의식하지 않고 노력하지 않아도 저절로 되는 것, 일상에서 이미 반복하고 있는 행동이나 말의 방향성을 뜻한다.

사실 성향 자체에는 좋고 나쁨이 없다. 성향이란 그저 본래의, 자연스러운 자기 모습일 뿐이다. 다만 알아두어야 할 것은 같은 성향이라도 어떤 맥락에 들어가느냐에 따라 강점이 되기도 하고 약점이 되기도 한다는 사실이다. 자기 성향에 맞지 않는 조직과 일을 만나면 내적으로든 외적으로든 갈등이 발생한다.

성향 그 자체는 강점이 아니지만, 자신이 어떤 성향을 가지고 있는지 잘 아는 것은 강점이 된다. 내 성향을 알고 있으면 그에 맞는 곳으로 나를 데려갈 수 있기 때문이다. 원래부터 자연스럽게 해왔던 행동 패턴이 자기 일과 잘 맞는다면, 적은 노력과 시간으로도 좋은 성과를 낼 수 있다.

글을 쓰는 사람이 자기 성향을 잘 알아야 하는 이유는 무엇일까? 자신이 가진 성향을 글에 녹여낼 수 있는 사람이라면, 비슷한 성향을 가진 사람들에게 크게 공감을 얻을 수 있을 것이다. 성향 때문에 겪은 어려움이 있었다면 해당 상황을 구체적으로 묘사하고 이를 어떻게 해결했는지 적어보는 것도 좋다. 성향 덕분에 성과를 낸 경험이 있다면 그것 또한 훌륭한 글감이 된다. 자기 성향과 맞지 않는 회사에서 일을 잘 해내기 위해 배우고 노력한 것들 모두 글의 주제일 수 있다.

자기 성향을 파악하기 위해서는 몇 가지 질문을 스스로에게 던져보면 좋다.

- 당신은 내향적인가요, 외향적인가요?
- 평소에 가장 많이 쓰는 단어, 문장은 무엇인가요?
- 당신은 어떤 사람을 좋아하고, 어떤 사람을 싫어하나요?
- 당신의 성향 중 어떤 것이 사회생활에 도움이 되고, 방해가 되나요?
- 당신의 성향 때문에 어려움을 겪은 적이 있나요? 있다면 어떻게 해결했나요?

한 가지 참고할 것이 있다. 내향인이 모두 수줍음이 많은 것은 아니라는 점이다. 내향인 중에도 나서서 이야기하는 것과 대인 관계가 자연스러운 사람이 있고, 외향인 중에서도 수줍음이 많은 사람이 있다. 두 성향을 구분하는 가장 중요한 지점은 에너지의 방향이다.

내향인은 혼자 있을 때 에너지가 충전되고, 외향인은 사람들과 함께할 때 에너지가 충전된다. 내향인은 자기 안에서 에너지를 얻는다. 그들은 사람들과 함께 있는 걸 싫어하지는 않지만, 함께 있는 상황에서 에너지를 소진한다. 그래서 반드시 혼자 있는 시간이 필요하다.

반면, 외향인은 사람들에게서 에너지를 얻는다. 그들은 모임을 좋아하며, 사람들과 소통할 때 에너지가 충전된다. 이들은 혼자 있어야 에너지가 충전된다는 내향인을 이해하기 어려워하는 경향이 있다. 나는 내향적인 사람이다. 내 성향 자체를 인정하고 내가 하는 일에서 내향인의 특성을 어떻게 활용하면 좋을지 자주 생각했다. 물론 이를 살려 글을 쓴 적도 있다.

주어진 상자 밖에서 사고하기

점심시간이었다. 모두 식사를 하러 나가고, 쉬고 싶은 마음에 혼자 자리에 남아 있는데 한쪽에 누군가 서 있는 게 눈에 들어왔다. 디자이너 K였다. 그는 벽에 한가득 붙어 있는 디자인 시안들을 유심히 보고 있었다. 옆 팀에서 진행 중인 명절맞이 프로모션 페이지였는데, 오랜 기간 동안 고객의 답변을 받지 못하고 제자리걸음만 하고 있어 디자이너들의 고생이 이만저만이 아니었다. 나는 K에게 다가가 말을 건넸다.

"오픈 예정일이 얼마 안 남았는데 걱정이네. 하필 이렇게 바쁠 때 기획자도 공석이고 어떡하니."

"벌써 3주째예요. 이럴 때 보면 마치 고객이 괴롭히려고 일부러 퇴짜를 놓는 거 같아요."

"일부러? 그건 아니야. 봐봐. 고객이 왜 마음에 안 들어 하는지 모르겠어?"

"네? 이 정도면 충분하지 않나요?"

"물론 잘했지. 그림만 보면 아주 잘했어. 그런데 내 눈에는 이 많은 시안이 전부 하나처럼 보여. 방향성이 없잖아. 고객은 언제나 선택하길 원하거든. 계속해서 스킨만 갈아 끼운다고 통과될 리가 없지. 디자인이 단지 예쁜 그림 그리기라고 생각하는 경우가 많은데 실제로 작업에 들어가기 전에 큰 방향을 설정하고 들어가지 않으면 지금처럼 작업자들만 고생하게 돼."

"방향을 정한다는 게 무슨 말이에요?"

"음. 예를 들면 이번 프로모션에서 강조하고 싶은 핵심이 있을 거잖아? 고객사가 오프라인 매장을 끼고 있는 곳이니까 신선식품을 많이 확보했다든가, 예약 배송 서비스를 제공한다든가, 선물 세트 구성이 아주 좋다든가 뭔가 이 회사가 제공하는 것에 특장점이 있기 마련이거든. 마케팅 부서에서 강조하고 싶은 부분이 있을지도 모르니까 물어보는 것도 중요하고. 아, 그러고 보니 예전에 명절 기획전은 어떤 식으로 구성했는지 궁금하네."

"오···." K는 흠칫 놀랐다. "다른 방향을 생각해 보자면 엄청나게 싼 가격이나 혜택을 중심으로 디자인할 수도 있지. 시안을 보면 상단 키 비주얼 영역 바로 아래 할인 쿠폰 영역을 크게 배치하기는 했어. 하지만 강조가 덜 되어 있어서 그 부분을 고려하고 디자인을 한 건지 상당히 애매해. 연초 프로모션을 기획할 때 가장 흔하게 쓰는 기법인 올해가 무슨 띠인지를 강조하는 방법도 있어. 내년이 개의 해니까 제공할 수 있는 혜택들을 개를 모티브로 포장하는 거야. 분명히 내년 초면 여기저기서 엄청 많이 써먹을걸? 이건 일차원적이긴 하지만 소비자들의 눈에 잘 띄면서도 기획자 입장에서 쉽게 낼 수 있는 아이디어지."

나는 작두 타듯 말을 계속 이어갔다. "잠깐이지만 벌써 3가지 방향이 나왔잖아? 디자이너 별로 방향을 하나씩 맡아서 찾아보고, 간단하게 시안 작업을 해서 같이 본 다음, 비주얼이랑 카피랑 콘텐츠 구성이 제대로 맞아떨어지는지 살피면서 진도를 나가야 해. 근데 기획자가 없다고 달랑 '설'이라는 글자만 크게 써서 예쁜 그림으로 장식해 가져가니 고객이 못마땅하지. 선택의 여지가 전혀 없잖아. 디자이너가 방향을 정하고 역으로 기획자한테 제안할 수도 있는 건데…. 비주얼 완성도는 시간만 어느 정도 투자하면 끌어올릴 수 있지만 방향성이 없거나 틀리면 답이 없어. 이럴 거면 디자이너가 왜 필요해? 그냥 이미지 파는 사이트에서 적당히 사다 끼워 넣으면 되지. 리더가 그래서 중요한 거야."

그날따라 왜 그랬는지 모르겠지만 의도치 않게 점심시간이 디자인 토론회(라고 하기엔 너무 일방적)가 돼버렸다. 꼰대처럼 말을 너무 많이 했나 싶어 곁눈으로 표정을 살피는데 K가 물었다. "어떻게 그런 생각을 하세요? 어떻게 생각해야 할지 모르겠어요. 책을 많이 읽으면 되나요? 수업 같은 게 있는 건가요? 디자인을 해놓고 제대로 설명을 못해서 답답할 때가 많아요. 어떻게 연습하신 건가요?" 순간 말문이 막혔다. 간단하게 설명할 수 있는 문제가 아니었기 때문이다. 생각의 틀을 잡는 것은 수업을 듣거나 책을 몇 권 읽는다고 해결될 일이 아니다. 상황과 조건을 파악하고, 우선순위를 가리고, 방향을 설정하고, 이탈 없이 생각을 끌고 가는 것. 이를 한마디로 정의하기란 어려웠다.

최소한 한 번쯤 해봤어야 할 생각

문제가 좀처럼 풀리지 않을 때, 원인을 외부에서 찾는 사람이 많다. 쉽게 말해 '탓'을 하는 사람들이다. 하지만 어느 한쪽 탓이라고 단정하기에 적합하지 않은 경우가 대다수다. 고객의 성향이 제멋대로여서 대응하기 힘들다는 말은 작업자들이 가장 쉽게 내뱉는 변명이다. 태도에 따라 상황을 개선할 여지는 늘 있기 때문이다. 그럴 때마다 나는 후배들에게 변명 전에 최소한 거쳐 왔어야 할 사고 과정에 대해 이야기한다.

크든 작든 누구나 생각 상자를 가지고 있다. 다른 말로 '사

지식의 양에 따른 생각 상자의 형태

지식의 양이 많을수록 더 넓은 범위를 볼 수 있다

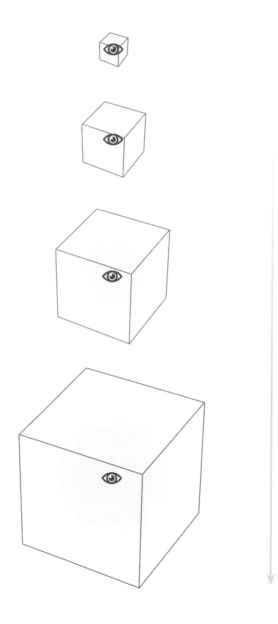

고의 프레임'이라고도 할 수 있다. 지식과 관점으로 만들어진 이 다면체는 사람마다 크기와 모양이 다르다. 상자의 크기는 지식의 양을, 상자의 면 갯수는 관점의 수를 나타낸다. 지식이 많아져 상자의 크기가 커질수록 해당 관점에서 볼 수 있는 시야가 더 넓어진다. 한편 관점이 다양할수록 대상을 더 입체적으로, 유연한 시각으로 볼 수 있다.

'질은 양에서 만들어진다'라는 양질 전환을 모르는 사람은 없을 것이다. 그런데 양이란 '무엇이든 무작정 많이'를 의미하는 것이 아니라, '무엇을 어떻게 많이'를 의미한다. 이를 알고 있는 사람은 많지 않다. 흔히 아는 것이 많으면 일을 더 잘할 수 있을 것이라 여기지만, 지식의 양이 절대적으로 많아진다고 해서 창의력, 문제 해결 능력이 덩달아 높아지는 것은 아니다. 다시 말해 생각의 양을 늘리는 행위는 '지식'의 양을 늘리는 것과 '관점'의 양을 늘리는 것, 이렇게 두 가지로 구분할 수 있다.

상자의 크기를 키우기 전에 상자의 면을 늘리는 것이 더 중요한 일일지도 모른다. 단순히 상자의 크기를 키우는 것(지식 확장)을 경계해야 하는 이유는, 편향된 관점에서 지식을 모으면 한쪽 면만 비대한 기형적인 형태가 나오거나, 면이 하나밖에 없는 종잇장 같은 얄팍한 상자가 나오기 때문이다. 만일 어떤 문제와 마주쳤을 때 통제 가능 범위 밖에만 집중하거나, 맥락을 파악하지 못하거나, 상대방의 관점을 이해하지 못하고 있다면

관점의 양에 따른 생각 상자의 형태

관점의 양이 많을수록 더 입체적이고 유연하게 볼 수 있다

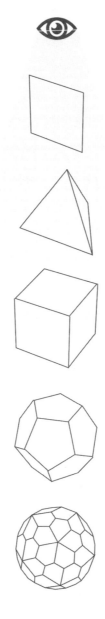

그 사람이 가진 생각 상자의 형태는 평면에 가까울 것이다.

평면적인 관점에서 벗어나 사면체, 육면체, 십육면체로 면수를 늘려가다 보면, 어느 순간 구처럼 상자가 둥글어진다. 이는 커뮤니케이션상의 오류가 줄어든다는 의미다. 갑작스러운 문제 상황에서 임기응변에 능숙해지고, 과제를 수행하며 낭비하는 시간과 에너지가 눈에 띄게 줄어든다.

외부 요인을 탓하기 전에 확인해야 한다. 지금 내가 충분히 다양한 관점으로 대상을 보고 있는지, 충분한 정보를 바탕으로 내용을 파악하고 있는지. 자신의 생각 상자가 얼마나 크고, 얼마나 둥근지 스스로 체크한 뒤에도 개선점이 보이지 않는다면, 그때서야 비로소 탓하는 행동이 핑계가 되지 않을 수 있다.

생각하는 방법에 관해 생각하기

생각 상자에는 사람들이 모르는 중요한 비밀 하나가 있다. 그 비밀은 바로 상자가 타인에 의해 설계된 것이라는 사실이다. 그렇다. 대다수의 사람들이 가지고 있는 생각 상자는 '주어진 상자'다.

사회과학, 행동 경제학, 인지 심리학 등 데이터와 실험 결과를 바탕으로 제품을 잘 파는 법, 고객을 유혹하는 법, 원하는 메시지를 주입하는 법을 말하는 책들이 서점에 수없이 많다. 하지만 이 책의 실천 방안들을 진짜 실행하는 것에 관해서는, 일부 부정적인 생각을 갖고 있다.

늘 무언가를 만들어 내는 디자이너로 살면서, 내가 만든 결과물이 다른 사람에게 알려지면 좋겠고, 쓰이면 좋겠고, 변화를 일으키면 좋겠다고 생각해 왔다. 그래서 소위 훌륭하고 유명하고 똑똑한 사람들의 잘 쓴 책들을 꾸준히 읽으며 배워왔다. 그런데 어느 순간부터인지 무언가를 만들어 내는 행위가, 그 방법을 이야기하는 책들이 불편해지기 시작했다. '내가 이것을 시도해도 되는가?'라는 근본적인 물음이 생겨났기 때문이다.

하고 있는 일이 사람들에게 진짜로 어떤 영향력을 미치는지 이야기하는 사람을 지금까지 일터에서 본 적이 없다. 탄탄한 이론과 데이터를 기반으로 쓰인 책 중에 그 어떤 책도 저변에 깔려 있는 진짜 의도에 대해 언급하지 않는다. 아마 암묵적으로 금기시하고 있다고 봐야 맞을 것이다.

디자이너, 기획자, 개발자, 마케터, 기업가… 생산자들은 기술과 정보와 연결을 활용해 점점 더 똑똑하게 사람들을 유혹한다. 자신들이 원하는 행동을 유도하기 위해 환경을 설계하고, 선택지를 제시하고, 반응을 살피며, 피드백을 한다. '고객, 사용자, 소비자가 최우선!'이라는 아름다운 말 이면에는 내 상품과 내 서비스에 사람들이 교묘히 중독되기를 바라는 마음이 숨어 있다.

사용자가 제품을 습관적으로 사용하게 만드는 원리를 파헤치는 책《훅*Hooked*》은 보기 드물게 생산자의 윤리를 이야기한다. 여기서 등장하는 조종 매트릭스*Manipulation Matrix*는 제품을 개발하기 전에 생산자가 스스로에게 물어야 할 두 가지 질문을 던진다.

- 나라면 이 제품을 사용하겠는가?
- 이 제품이 사용자의 생활을 실제로 개선하는가?

어떤 답을 하느냐에 따라 생산자를 다음과 같은 유형으로 구분할 수 있다. 어떤 유형에 속하는지 질문에 답을 달아보고 분석해 보자.

- 조력자*Facilitator* : 자신이 만든 제품을 기꺼이 사용함과 동시에 사용자의 삶을 바람직하게 개선시키기를 지향함.
- 오락가*Entertainment* : 자신에게는 필요하지만 타인의 삶을 개선하는 데에는 기여하지 않는 오락거리를 생산함.
- 장사꾼*Peddler* : 사용자에게 유용한 것처럼 포장하지만 정작 자신은 필요하다고 느끼지 않고, 사용할 생각도 없음.
- 마약상*Dealer* : 자신은 결코 사용하지 않으면서, 사용자의 삶을 개선하지도 않고, 심지어 해를 끼칠 수도 있다는 걸 알고 있음.

조종 매트릭스

	생산자가 제품을 사용하지 않는다	생산자가 제품을 사용한다
사용자의 삶을 실질적으로 개선시킨다	**장사꾼** peddler	**조력자** facilitator
사용자의 삶을 개선시키지 않는다	**마약상** dealer	**오락가** entertainment

나는 디자이너로서 '만드는 자의 윤리'를 기억하려 노력한다. 내가 직접 사용하고 싶은, 동시에 사람들이 더 나은 삶을 살도록 돕는 제품을 만드는 조력자가 되고 싶으니까 말이다. 내가 만드는 무언가가 어디에 어떤 영향을 미치는지 잊지 않으려고 노력한다. 장사꾼, 오락가, 마약상이 되는 건 쉽고 달콤하니까.

경계해야 할 생각 상자들

동시에 우리는 소비자로서, 사용자로서, 고객으로서 알아야 한다. 살면서 내가 인지할 수 있는 범위는 분명 한계가 있다. 세상엔 내 심리 상태를 열심히 공부해 생각과 행동을 조종하고, 습관으로 정착시키려는 사람들로 가득하다. 먹고 마시고, 생각하고 공부하고, 사람을 만나고 휴식하는 이 모든 환경은 누군가에 의해 디자인되어 있다. 특정 의도를 가지고 설계한 존재들로 가득 차 있다. 따라서 우리는 의식하지 못하는 사이에 타인이 지은 상자 안에서 사고하게 된다.

그렇다면 주어진 상자 밖으로 벗어나 다각도로 대상을 보기 위해 해야 할 일은 무엇일까? 가장 먼저 해야 할 것은 상자의 존재를 인지하는 일이다. 잠시 눈을 들어 주위를 유심히 둘러보면 알 수 있다. 이 세상에 의도 없이 디자인된 존재는 없다는 걸. 눈에 보이는 평면의 그림부터 손에 만져지는 수많은 물건, 만질 수 없고 스크린상에서만 존재하지만 우리의 일상을 지배하는 각종 소프트웨어, 서비스, 브랜드가 모두 이에 해당된다. 이뿐만이 아니다. 의식하지 못하는 사이 행동과 사고에 영향을 미치는 팀 문화, 회사의 보고 절차, 교통법, 동료 사이의 예의범절까지도 모두 디자인된 것이다. 디자인이란 눈에 보일수도 있고 보이지 않을 수도 있다. 디자인은 기획이며, 기획은곧 제안이다.

모든 제안에는 의도가 담겨 있다. 제안받는 사람은 제안하는 사람이 설계한 조건과 선택지를 기반으로 생각을 시작한다. 그리고 그 순간부터 이미 상자(프레임) 안에 발을 들여놓게 된다. 먼저 제안하는 사람이, 먼저 판을 까는 사람이 주도권을 쥐기 마련인 것이다. 한 사람이 모든 면을 볼 수는 없지만 내가 마주하고 있는 대상에는 여러 가지의 이해관계가 얽혀 있다. 최소한 생산자(제안하는 자)와 사용자(제안받는 자)라는 두 가지 관점에서 생각을 시작해야 한다는 걸 염두에 두는 게 중요하다.

다면적인 사고를 위해 다음 세 가지 질문을 기억하자.

· 누가, 어떤 프레임을 만들었는가? : 상자의 존재 인지하기

· 몇 가지 관점으로 대상을 보고 있는가? : 상자의 면 수 인지하기

· 관점마다 충분한 정보를 수집했는가? : 상자의 크기 인지하기

누구나 자신만의 생각 상자를 구축하고 그를 통해 세상을 본다. 입체적 사고는 내가 지금 보는 관점이 전부가 아니라는 것을 인정하는 태도에서 시작한다. 동그란 생각 상자를 가질 때까지, 가진 관점을 요리조리 굴려보길 바란다.

진짜가 된다는 것

이름값 하며 살고 싶다

내 이름 세 글자 중에 '이'는 성이고, '선'은 동생과 같이 쓰는 돌림자다. '진'만이 유일하게 내가 가진 글자다. 별나다고 할 수도 있겠지만, 오래전부터 나는 내 진짜 이름은 '진' 한 글자뿐이라고 생각했다.

언젠가 엄마는 미스코리아처럼 유명해지라는 의미로 내 이름을 '진선'이라 지었다고 말했다. 이름의 기원을 듣고 난 이후로 몇 가지 의문이 생겼다. 그것과는 별개로 '진'이라는 글자에 대한 애착은 더 강해졌다. 미스코리아 진선미 중에 진이 1등인 이유는 뭘까? 왜 예쁘고(美), 착한(善) 것보다 진실한(眞) 것이 더 큰 가치가 있는 걸까?

사전에서 찾아본 '진'이라는 글자에는 생각보다 다양한 의미가 담겨 있었다.

참 진眞의 사전적 정의

1. 참	6. 참으로	11. 명료明瞭하다
2. 진리眞理	7. 정말로	12. 또렷하다
3. 진실眞實	8. 진실眞實하다	13. 뚜렷하다
4. 본성本性	9. 사실이다	14. 똑똑하다
5. 본질本質	10. 참되다	

중복되는 의미를 합쳐 보니 '진실, 본질, 명료'라는 세 단어로 정리가 됐다. 놀라웠다. 내 이름에는 내가 디자이너로서 추구하는 이상적인 모습이 담겨 있었다.

진선미眞善美는 철학의 주요 명제 중 하나라고 한다. 진은 지성(인식 능력), 선은 의지(실천 능력), 미는 감성(심미 능력)을 말한다. 이 단어에서 의지와 감성보다 지성이 제일 앞선다는 게 무척 마음에 들었다. 철학은 잘 모르지만, 구현력과 심미성보다 문제 정의가 더 앞서야 하는 디자인 일과 크게 다르지 않아 보였기 때문이다. 평범하게만 느껴지던 내 이름이 좋아지기 시작했다. 또한 내가 이름값 하며 살 수 있기를 바라게 됐다.

나는 진실한 디자인, 본질을 추구하는 디자인, 명료한 디자

GOOD   **TRUTH**   BEAUTY

선   **진**   미

의지 : 실천 능력   지성 : 인식 능력   감성 : 심미 능력

인을 할 수 있을까? 지성 있는 디자이너가 되려면 어떻게 해야 할까. '진짜'가 되는 것은 가능한 일일까?

내 일에서 회의감이 느껴질 때

대학 시절 나에게 큰 충격을 준 한 권의 책이 있다. 세상에서 가장 유명한 디자인 고전, 빅터 파파넥Victor Papanek의 《인간을 위한 디자인Design for the Real World》이다. "산업 디자인보다 더 유해한 직업들은 존재하지만 그 수는 극소수이다"라는 문장으로 시작하는 이 책은, 처음부터 끝까지 디자인에 관한 강렬한 문제의식을 드러낸다. 만일 책 전체 내용을 함축하는 하나의 문장을 골라보라고 한다면, 나는 아래의 문장을 꼽을 것이다.

"디자인은 인간이 도구와 환경, 더 나아가 사회와 자아를 만드는 가장 강력한 도구가 되어 왔으며 그렇기 때문에 디자이너에게는 높은 사회적, 도덕적 책임이 요구된다."

이 책을 읽기 전까지만 해도 나에게 디자인이란 재밌는 것, 멋있는 것, 독특한 아이디어로 사람들을 놀라게 하는 일이었다. 창의적이어야 한다는 말은 여기저기서 질리도록 들었지만 누구도 디자이너의 도덕적 책임 따위는 말해주지 않았다. 대체 디자인에 무슨 윤리가 필요하단 말인가? 페이지를 넘길수록 마음이 무거워졌다. 당장 취업이 급한 햇병아리 사회 초년생이었던 나는 환경 문제와 제3세계 이야기 같은 전 지구적인 문제를 떠안는 일이 너무 부담스러웠다. 간장 종지만 한 작은 그릇을 가진 나에게는 디자인 거장의 단호한 말들은 엄중함으로 다가왔다.

하지만 자신의 결과물에 책임을 져야 한다는 빅터 파파넥의 말은 취업 후 현장에서 일을 하는 동안 마음 한구석에 남아 늘 나를 따라다녔다. 짧으면 6개월, 길면 1년마다 갈아엎기를 반복하는 온라인 서비스를 디자인하며 예쁜 쓰레기를 만들고 있다는 죄책감과 공허함에 빠져들곤 했다. 내 일에서 소명 같은 것은 찾아보기 어려웠다. 그나마 위안이었던 것은 웹디자인은 생성하고 폐기하는 과정에서 환경을 오염시키는 유해 물질이 나오지 않는다는 것이었다. 0과 1로 이루어진 디지털 세계에선 그저 Delete 버튼 하나만 누르면 그만이니까.

가짜들을 걷어내자

철저하게 상업 디자이너로 성장한 나는 불필요한 소비를 조장하고, 사람들의 판단을 흐리게 한다는 디자인 대선배들의 비난을 피할 재간이 없다. 기업에 소속되어 자본주의 시스템에 맞춤한 디자인을 하는 평범한 한 명의 디자이너가 '책임'에 관해 얼마나 이야기할 수 있을까. 그래도 이에 대해 애써 말하려고 하는 건, 소극적이지만 현실적이고, 그렇다고 쉽지는 않은 나만의 아주 작은 의무이자 실천이기 때문이다.

디자이너가 가질 수 있는 최소한의 책임이란 무엇일까? 뮬 디자인Mule Design의 공동 창업자 마이크 몬테이로Mike Monteiro의 말을 빌리자면, 디자이너는 일종의 게이트키퍼Gatekeeper다. 최종 단계에서 콘텐츠를 다루는 사람으로서 필요한 만큼의 문해력과 수리력을 갖추고 검증해야 한다. 오보는 많은 경우 의도보다 무지에서 발생한다.

대선 기간이면 뉴스에서 송출되는 왜곡된 그래프가 영락없이 논란이 된다. 이런 결과물이 빈번하게 목격되는 원인 중 절반은 언론사의 의도에 있고, 나머지 절반은 별다른 생각 없이 그림만 그려낸 디자이너의 무지에 있다. 몰라서 그랬다는 말을 편하게 내뱉는 디자이너는 자신의 결과물에 책임을 다하지 않는 사람이다. 디자이너는 시각 언어도 읽을 수 있는 사람이지, 시각 언어만 읽는 사람이 아니다.

디자이너도 사람이기에 모든 것을 알 수 없고, 인지 오류에 의해 실수를 저지르기도 한다. 어쩌면 디자인 과정에 관여하는 다양한 사람들(의뢰인, 기획자, 사수 디자이너, 수신자)에 의해 불가피하게 오보자의 역할을 떠맡게 될 수도 있다. 하지만 자신이 하는 일이 무엇인지, 어떤 맥락 위에 서 있는지, 내가 만드는 결과물이 이후 사람들에게 어떤 영향을 미칠 것인지 인지하는 사람은 아닌 사람보다 엄청난 역량을 가지게 된다.

전문가의 역량 중 첫 번째는 태도이며, 정체성을 만들어가기 시작하는 초보자 단계에서 가장 먼저 할 일은 자신의 결과물에 책임을 지기로 마음먹는 일이다. 책임지는 태도에는 시각적 완성도와 더불어 콘텐츠의 왜곡이 없도록 노력하는 것이 포함된다. 여기에 의뢰인이 심각한 오류를 범할 경우 디자인을 거부할 수 있는 용기까지 포함하기를 바란다면 너무 큰 욕심일까.

진짜가 된다는 것은 적어도 이것만은 안 된다는 최소한의 자기 기준을 세우고, 이를 바탕으로 가짜들을 하나씩 걷어내는 과정을 되풀이하는 일이다. 어렵지만 해야 하는 일이고, 하다 보면 익숙해지는 일이다. 모두가 진짜가 되기를 바란다.

더 크고 더 깊고
더 분명하게

스타트업에서 일하는 사람들을 위한 커뮤니티로부터 연락이 왔다. 독립출판 형태로 인터뷰집을 만들 예정이라고 했다. 연락을 준 에디터 B에게 인터뷰를 제안한 이유를 물었다.

"책에는 사회 초년생을 위한 파트가 있습니다. 기획을 하면서 첫 회사에서의 시간이 많이 떠올랐어요. 제대로 된 사수나 업무 가이드가 없어 매우 당황했습니다. 획일적인 조직 시스템 안에서 내 개성을 다 잃어버리는 건 아닌지 걱정을 많이 했고요. 지금도 여전히 이에 관해 걱정하고 있습니다. 이런 제 이야기를 다른 에디터들과 나누다 보니 진선 님이 브런치에 올리신 글들이 자연스럽게 연결됐고, 인터뷰해 보면 좋겠다는 아이디어를 얻게 됐습니다. 진선 님에게 묻고 싶은 것이 정말 많아요!"

절박함과 기대감이 동시에 비치는 그의 눈을 보니 얼마 전에 일대일 코칭에서 만난 한 멤버가 떠올랐다. 10대를 한국에서 보내고 미국으로 이민을 간 그는 누구나 들으면 아는 미국 최고 대학에서 의학, 미술, 언어, 교육을 전공했다. 무엇이든 한번 시작하면 최선을 다하고 성과를 내는 사람이지만, 마흔을 앞두고 그는 진로를 고민하고 있었다.

그는 배운 건 많지만 모두 스스로 원해서 한 공부가 아니라 부모님에게 보답하기 위한 선택이었다는 걸, 이제야 깨달았다고 했다. 오래 이어온 학업을 그만두고 전업주부로 지내며 다음 단계를 탐색하는 과정에서, 글을 통해 자신의 콘텐츠와 커리어를 만들고 싶은 마음이 들었다고 했다. 그래서 글쓰기 일대일 코칭을 신청한 것이다.

무언가를 시작할 때 불안감이 드는 건 당연하다. 사회생활을 시작한 20대 중반의 에디터 B도, 명문대를 졸업하고 최상급 코스를 밟으며 공부한 30대 후반의 전업주부 S도, 디자이너로만 일하다가 예상치 못하게 갑자기 사업을 시작한 나도 모두 동일하게 느끼는 감정이다. 나는 사업을 시작하면서 다시 초심자가 되었다. 마치 디자인을 처음 시작했을 때처럼 아무것도 아는 게 없는 상태였다. 하지만 내게는 에디터 B와 전업주부 S에게 없는 한 가지가 있었다. 바로 분명한 목적이었다.

단 하나의, 평생의 방향성을 찾아라

'목적'과 '목표'는 다르다. 목표는 끝이 있기에 단기적이며, 달성하고 나면 바로 다음 대상을 찾게 된다.《어떻게 나답게 살 것인가*The Power of Meaning*》를 쓴 에밀리 에스파하니 스미스*Emily Esfahani Smith*는 목적의 중요한 두 가지 특성을 책에서 설명한다.

- 목적은 지속적이고 원대한 목표다.
- 목적은 세상에 대한 기여를 수반한다.

목적이란 평생에 걸쳐 추구하는 하나의 방향성이다. 앞서 '북극성'을 이야기하며 소개한 안드로이드 개발자가 '기술로 사람들을 자유롭게 한다'라고 말한 것처럼, 목적이란 끝이 없는 것이다. 목적은 내면의 강한 기쁨과 자신보다 더 큰 존재인 세상에 기여하려는 마음이 만나는 지점에 있다.

목적이 없는 사람은 지금 하는 일에서 의미를 찾기 어렵다. 타인의 평가와 기준에 쉽게 흔들리고 수동적으로 일을 처리한다. 커리어 쌓는 것을 긴 여정으로 보고, 이를 관통하는 하나의 주제가 무엇인지 생각해 보자. 만약 주제가 명확하다면 지금 하는 일, 처한 상황, 환경, 주변 사람에게서 분명 배우는 것이 있

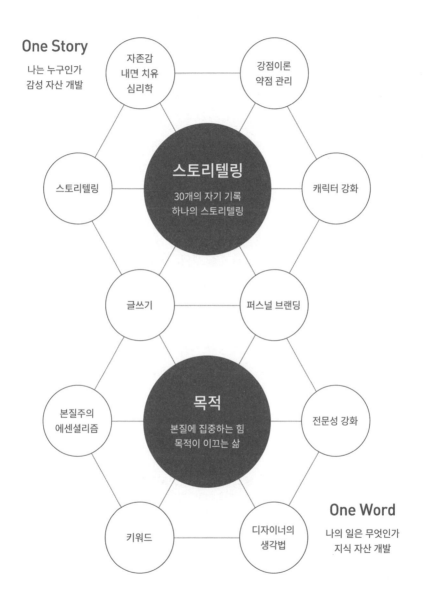

One Story
나는 누구인가
감성 자산 개발

자존감
내면 치유
심리학

강점이론
약점 관리

스토리텔링

스토리텔링
30개의 자기 기록
하나의 스토리텔링

캐릭터 강화

글쓰기

퍼스널 브랜딩

본질주의
에센셜리즘

목적
본질에 집중하는 힘
목적이 이끄는 삶

전문성 강화

키워드

디자이너의
생각법

One Word
나의 일은 무엇인가
지식 자산 개발

다. 목적을 찾는 게 쉽지는 않지만, 불안 없이 단단한 마음으로 나만의 경력을 만들기 위해서는 반드시 해야 할 일이다.

목적이 꼭 거창할 필요는 없다. 세상에는 사무원, 전업주부, 교사, 디자이너, 개발자, 회계사, 학생 등 다양한 사람들이 살고 있다. 그러니 저마다의 위치에서 좋은 부모가 되거나, 출근하고 싶은 사무실 분위기를 만들거나, 고양이의 삶을 더 행복하게 만들고자 하는 마음에서 목적을 찾으면 된다. 이미 많은 사람이 누가 알아주지 않아도, 일상에서 주변 사람들의 삶을 달라지게 만들고 있다. 나는 이 변화가 성장이라고 생각한다.

성장은 반드시 스트레스를 동반한다. 성장에 목적이 있는 사람은 때때로 스트레스를 불러일으키는 상황을 일부러 선택하기도 한다. 어렵고 힘든 일이 나에게 나쁜 영향만 끼칠까? 그 일이 주는 의미가 있다면 거기서 재미를 찾을 수 있다. 우리는 스트레스를 부정적인 대상으로만 볼 게 아니라 함께 가는 친구로 대할 수도 있다.

더 크고 깊은 목적이 나를 성장시킨다

나는 삶의 전환점에 서 있다. 20살에 취업을 해서 회사를 다니며 미대 입시를 준비했고, 30살에는 다니던 회사를 그만두고 출판 학교에 입학했다. 이전에 살던 삶과 전혀 다른 맥락 속으로 뛰어들었던 순간들이었다. 그리고 바로 지금, 이전과는 전혀 다른 맥락 속으로 다시 한번 뛰어드는 중이다.

새로운 세상에 던져지면 이전에 해왔던 경험, 지식, 노하우들이 사실 별거 아니라는 사실을 깨닫게 된다. 또한 지금까지 해온 것보다 더 많은 것을 배우고 익히며 스스로를 성장시켜야 한다는 것도 매일 느낀다. 막막하고, 두렵고, 내가 정말 해낼 수 있을까 하는 의심이 매 순간 스친다.

사회 초년생 시절 내가 세운 목적은 '함께 일하고 싶은 디자인 전문가'였다. 이때 역할이나 전문성이 아닌 목적을 중심으로 원하는 정체성을 설정해야 한다. 전문성 기반의 목적은 한동안 나를 성장시키지만, 어느 시점부터는 한계를 느끼기 때문이다.

몇 년 전부터 나는 '가능성을 보는 사람, 영감을 주는 사람'이라는 목적을 새로 잡았다. 그러자 그 목적이 더 유연하고 더 폭넓은 방식으로 나를 이끌어 가고 있다는 느낌을 받았다.

그때 난 눈에 보이는 예쁜 그림을 그려내는 역할에서 벗어나, 눈에 보이지 않는 가치(가능성, 커뮤니티, 콘텐츠)를 디자인하는 새로운 역할로 옮겨 가는 일에 거리낌이 없었다. 커다란 전환점에 놓인 그때, 두려워도 도망치지 않았던 것은 내 정체성, 내 성향을 바탕으로 한 목적을 갖고 있었기 때문이다.

사람들에게 나를 드러내고, 매일 가이드를 만들어 제공한다. 그들의 반응을 살피고, 이를 기반으로 콘텐츠의 완성도를 높인다. 커뮤니티 전반을 관리하며 내용을 기록한다. 동료를 돕고, 글을 쓰고, 책을 읽고, 말을 한다. 하는 일에 나의 매일을 쏟아부을 수 있는 이유는 더 크고 더 깊은 목적이 나를 이끌고 있어서다. 새로운 방식과 행동이 때때로 스트레스가 되기도 하지만, 내 에너지의 원천까지 빼앗아 갈 수는 없으니까 말이다.

3장

나에게 가장 좋은 멘토 : 자기 성장

- [ ]
- [ ]
- [ ]
- [ ]
- [ ]
- [ ]
- [ ]
- [ ]

전문가의 제1조건

전문가가 되기 위해 가장 중요한 조건은 자신의 성장을 스스로 책임지는 태도Mindset다. 이 태도를 갖추기 위해서는 메타 인지가 필요하다. 메타 인지란, 자기 자신을 제3자의 눈으로 모니터링하는 능력이다. 자신의 특징, 장점, 단점, 능력과 한계를 정확히 파악한다. 그다음 중요한 건 전문가가 되기 위해 필요한 일에 시간과 노력을 효율적으로 투자하는 능력이다. 이 능력은 현재의 나와 미래의 나를 끊임없이 관찰하고 상호 교정해 나가도록 돕는다.

메타 인지를 통해 '현재의 나'를 객관적으로 판단하고, 내가 원하는 모습으로 성장한 '미래의 나'를 설정한다. 둘 사이에 존재하는 간극을 좁혀가는 과정이 스스로를 가르치는 셀프 멘토링Self-Mentoring이다. 현재의 나는 학생이고, 미래의 나는 선생

자기 인식/메타 인지

나를 보는 나

현재의 나

끊임없는 상호 교정

미래의 나

학생

선생

(멘토)이다. 두 개의 자아는 서로 끊임없이 영향을 미친다. 현재의 나는 미래의 나를 쫓아가고, 미래의 나는 현재의 내가 성장한 만큼 정교해진다. 왼쪽의 그림이 바로 이 과정에 속한다.

　　미래의 나, 즉 멘토는 전문가로서 완성된 내 모습이다. 초보자 시기에는 미래의 모습을 멘토로 설정하기 어려울 수 있다. 내가 무엇을 모르는지조차 모르는 단계이기 때문이다. 우선 얼기설기하더라도 가안을 잡는다. 초기에는 가지고 있는 정보와 경험의 양이 적기에, 얕은 바탕을 근거로 생각할 수밖에 없다.

또 다른 눈을 뜨는 일

　　막연한 느낌이 드는 것은 그래서 당연하다. 그 막연함을 조금이라도 떨치기 위해 사람들이 닥치는 대로 해보라고 말하는 것이다. 백지 상태에서 탐색하는 일정 시기를 보내야 어림짐작이 가능한 수준이 된다. 멘토의 모습은 고정된 것이 아니라, 내 성장의 정도에 따라 끊임없이 수정하면서 정교화된다.

　　경험도, 지식도 너무 부족했던 시기의 나는 미래의 모습을 상상하기 어려웠다. 그래서 막연하게 내 미래 모습을 그렸다. '함께 일하고 싶은 사람이 되고 싶다. 그렇게 되려면 트렌드를 잘 읽고, 포토샵도 잘하고, 열정까지 있으면 되는 게 아닐까?'라

태도 = 메타 인지를 통한 셀프 멘토링

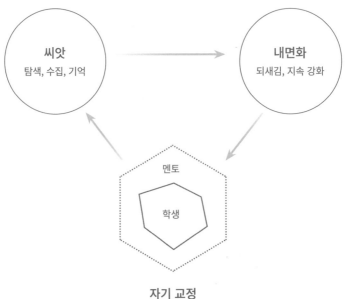

고 거칠고 두루뭉술하게 생각했다.

경험이 쌓이고 조금씩 성장하면서, 내 안의 멘토는 점점 구체적인 모습으로 정교화됐다. 내가 부족한 부분이 무엇인지, 잘하는 부분이 무엇인지 인지하기 시작했기 때문이다. 최초에 구상했던 요소들을 스스로에게 가르치다 보면, 어느 순간 의식하지 않아도 저절로 실행하게 되는 시점이 온다. 그때부터는 나에게 부족한 또 다른 부분들이 보이기 시작한다. 필요하다고 느꼈던 각각의 요소들은 씨앗이 되고, 이는 내면화 과정을 거쳐 뿌리를 내려 자라는 한 그루의 나무처럼 성장한다. 나무들은 세부 줄기들을 뻗어가면서 점차 무성해진다. 그런 다음 내 미래의 모습을 하나의 문장으로 정의한다. 이를 구성하는 요소들을 차근차근 갖춰나간다. 사람마다 정의하는 요소도 다르고, 특별히 집중해서 강화시키고 싶은 요소도 다를 것이다. 하지만 각기 다른 그 요소들의 총체가, 그 사람의 개성이자 차별성이다.

처음 디자이너가 되기로 마음먹었을 때는 그냥 디자이너가 되고 싶었다. 소피아 선생님을 만난 이후로는 '함께 일하고 싶은 디자인 전문가'가 되고 싶었다. 그리고 지금은 더 많은 사람을 생각하고, 상상하고, 행동하게 만드는 '영감을 주는 사람'이 되고 싶다. 현재의 나와 미래의 나는 함께 성장하고, 과거의 멘토는 미래의 멘토의 일부가 된다. 내 안의 멘토를 설계한다는 것은 곧 자기 자신을 디자인한다는 말과 같다.

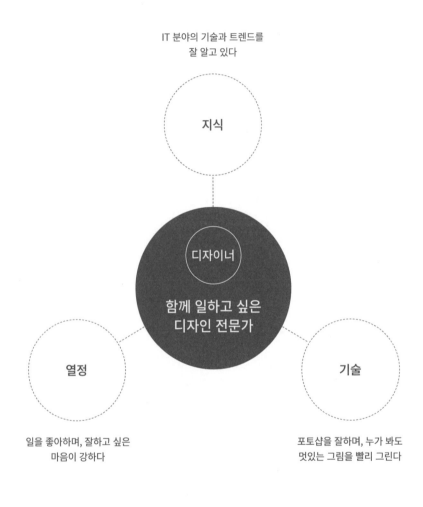

IT 분야의 기술과 트렌드를
잘 알고 있다

지식

디자이너

함께 일하고 싶은
디자인 전문가

열정

기술

일을 좋아하며, 잘하고 싶은
마음이 강하다

포토샵을 잘하며, 누가 봐도
멋있는 그림을 빨리 그린다

나의 무지를 인지하라

연차는 전문성을 대변하지 않는다는 걸 앞서 우리는 여러 사례를 통해 계속 확인했다. 그렇다면 우리는 무엇을 기준 삼아 그 사람의 능력을 평가할 수 있을까? 1980년대에 드라이퍼스Dreyfus 형제는 고도로 숙련된 전문가를 관찰해 기술을 습득하는 과정을 연구했다. 그들이 제시한 5단계 기능 습득 모델을 '드라이퍼스 모델Dreyfus model of skill acquisition'이라 부른다.

1단계 초보자Novice

경험이 부족해 매뉴얼이 필요함. 배운 대로만 실행. 동일한 유형의 실수를 반복하고, 상황 판단을 못 함. 일을 쉽게 포기하며, 다른 사람의 도움에 의존.

2단계 　고급 입문자 Advanced Beginner

규칙에서 조금씩 탈피해 자신만의 방법을 시도함. 그러나 아직까지는 문제 해결을 어려워함. 우선순위 판단이 미숙함. 큰 그림을 잘 보지 못하거나 자신과 연관이 없다고 느낌. 다른 사람의 도움에 의존함.

3단계 　중급자 Competent

스스로 문제를 발견하고 해결할 수 있음. 계획을 수립하고 경험을 활용함. 전문가의 조언을 효과적으로 활용할 수 있음. 자신이 선택한 결과에 책임감을 느낌. 처음 본 문제를 만나도 당황하지 않음.

4단계 　숙련자 Proficient

자가 교정 가능. 너무 단순한 정보는 좋아하지 않음. 원론적인 얘기를 실제 상황에 맞게 적용할 수 있음. 맥락과 큰 그림을 이해함. 우선순위 판단에 능숙함. 경험상 다음에 무슨 일이 일어날지 예측 가능함.

5단계 　전문가 Expert

깊은 이해를 바탕으로 한 직관이 발달함. 정보와 지식의 근원. 규칙을 초월함. 범위를 제한하고 집중해 패턴을 발견하는 데 능숙함. 새로운 상황에 대한 대처 능력이 뛰어남.

드라이퍼스 기능 습득 모델 단계별 기술 분포도

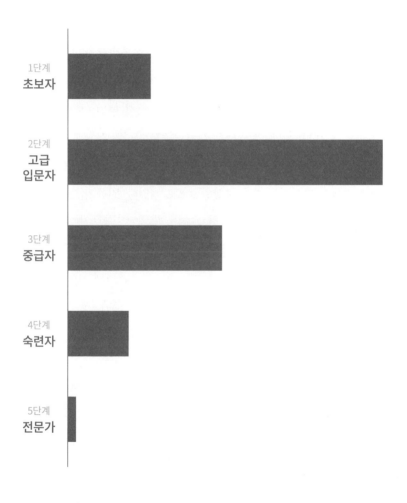

1단계
초보자

2단계
고급
입문자

3단계
중급자

4단계
숙련자

5단계
전문가

전문가로 성장하는 다섯 단계는 중간에 건너뛰고 넘어갈 수 없다. 누구나 반드시 거쳐야 하는 과정이다. 단계를 올라간다는 것은 단지 더 잘하고, 더 똑똑하고, 더 빨라진다는 개념이 아니다. 드라이퍼스 모델은 한 사람의 능력, 태도, 관점이 기술 수준에 따라 어떻게 달라지는지를 보여주는 지표다.

대부분의 사람들은 평생 2단계, 즉 고급 입문자에서 벗어나지 못한다고 한다. 전문가는 한 분야에 고작 1~5%에 불과하다. 여기서 안타까운 점이 하나 있다. 앞서 언급한 더닝 크루거 효과를 기억하는가? 단계가 낮은 사람일수록 자신의 무지를 인지하지 못하는 상태에 빠질 확률이 높다는 것이다. 전문가가 아닌 사람들이 자신의 수준을 중상위권으로 여긴다. 전문가 단계로 올라가기 위해서는 자신이 현재 어느 단계에 속해 있는지 판단하는 냉철한 자기 인식이 필요하다.

만화 〈미생〉을 그린 윤태호 작가는 예능 프로그램 〈무한도전〉에 출연해 직업과 정체성에 대해 언급한 적이 있다.

꿈은 단순히 만화가, 과학자, 연예인이 아니라 '무엇을 하는 만화가' 이게 꿈이라고 생각한다. 직업 앞에 어떤 태도로 수행하는 내가 있어야 한다. (…) 꿈이라는 걸 꼭 직업으로 생각하지 않기를 바란다. '어떤 사람으로 살고 싶어?'라고 질문했으면 좋겠다.

자기 인식

Self-Awareness

외적 자기 인식

External Self-Awareness

밖에서 자신을 들여다보고 이해하는 것, 타인이 나를 어떻게 보는지 아는 것

통찰의 일곱 축을 바탕으로 자신의 내면을 명확히 알고 이해하는 것

꿈은 직업으로 정의할 수 없다. 어떤 태도로 그 직업을 수행하는 사람이 될 것인지 생각해 놓아야 한다. 즉 자기 정체성을 가져야 한다. 앞서 함께 일했다고 말한 디자인부심이 넘치는 상사를 기억하는가? 그가 생각하는 디자인과 내가 생각하는 디자인은 달랐다. 그들이 생각하는 일과 내가 생각하는 일이 다른 이유는 직업을 대하는 태도의 차이에서 오는 것이다.

그 상사는 누구보다 밤낮없이 디자인에 빠져 살았지만, 사실 디자인 전문성에 관한 구체화된 정의가 없었다. 경력과 성과를 뒷받침할, 균형 잡힌 '전문성'의 기준이 없었던 것이다. 결국 어떤 부분은 특출하지만 어떤 부분은 지나치게 부족한, 기형적인 전문성을 형성하게 된 것이다.

본인이 속한 분야에서 골고루 균형 잡힌 전문가가 되고 싶은가? 전문가가 되기 위해 유념해야 할 가장 중요한 한 가지는 자기 인식을 통해 정체성을 그려나가는 일이다. 나에게 내가 누군지 묻는 일, 나는 이를 게을리하지 않았다.

나는 나를 어떻게 키울 수 있을까?

원하는 내 모습을 만들려면 무엇을 어떻게 해야 할까? 비록 재능은 없지만 내 일을 사랑하는, 또 잘하고 싶은 나는 어떻게 원하는 내가 될 수 있을까?

나는 안데르스 에릭슨Anders Ericsson의 책《1만 시간의 재발견Peak》에서 해당 질문에 관한 힌트를 얻을 수 있었다. 전문성을 올리기 위해서는 '의식적인 연습'을 해야 한다. 운전, 요리, 운동 등 무언가 오랜 시간 꾸준히 하면 실력이 나아질 거라 기대하는 것은 사람들이 가장 흔히 하는 오해다. 단순한 반복은 실력 향상에 조금도 도움이 되지 않는다. 편한 상태로, 저절로 하고 있다는 느낌이 든다면 이미 정체 상태에 진입한 것이다.

1만 시간 동안 노력하면 전문가가 된다는 '1만 시간의 법칙'은 단지 노력량의 중요성을 의미하는 것이 아니다. 의식적인 연습을 동반하지 않고 '일단 열심히 하자' 또는 '하다 보면 잘하겠지'라고 생각한다면 1만 시간의 법칙을 잘못 이해한 것이다. 성실, 근면, 노력, 끈기에도 전략이 필요하다.

의식적인 연습을 조금 더 구체적으로 표현하면 '목표 지점과 도달 방법을 알고 있는, 목적의식이 있는 연습이라고 할 수 있다. 낮은 단계에 있는 사람은 더 높은 단계를 경험해 본 적이 없기 때문에, 목표 지점과 도달 방법을 알기 어렵다.

안데르스 에릭슨에 의하면 의식적인 연습을 위한 가장 좋은 방법은 상위 단계를 먼저 경험한 훌륭한 코치를 두는 것이다. 그러나 훌륭한 코치는커녕 재앙을 부르는 상사만 없어도 다행인 게 우리 직장의 현실이다. 이 상황에서 어떻게 스스로를 성장시킬 수 있을까? 사수 없이 자기 성장은 불가능한 것일까?

자기 성장을 책임지는 '의식적 연습'

사수 없이 업무 처리 능력을 효과적으로 연습, 증진하려면 3F에 신경 써야 한다. 바로 집중Focus, 피드백Feedback, 수정Fix-it이다. 전문가의 구성 요소를 잘게 쪼개 집중하고, 고치고, 반복하는 것을 일컫는다.

전문가의 탁월한 일 처리와 사고를 뒷받침하는 인지능력

을 심적 표상(마음속 이미지)이라고 한다. 특정 상황에서 신속, 효율적으로 반응하게 만드는 머릿속의 정보 패턴을 뜻한다. 의식적인 연습은 곧 심적 표상을 만드는 일이다.

일을 처음 시작하는 단계에서는 심적 표상이 불확실하므로 혼자 업무를 감당하기가 굉장히 어렵다. 하지만 기초적인 심적 표상을 한 번 세우고 나면 그 위에 더 좋은 심적 표상을 새로 구축할 수 있다. 계단처럼 차곡차곡 쌓아나가는 것이다. 이처럼 초보자와 전문가의 가장 큰 차이는 심적 표상의 양과 질에 있다. 이는 실제로 내가 내 일에 적용하는 방식과 같다.

사실 '내 안의 멘토'는 내가 지향하는 자기 정체성이다. 10대 시절의 나는 그저 뭔가 만드는 게 좋아서 디자이너가 되고 싶었다. 하지만 막상 디자이너가 되고 보니 디자이너라는 단어만으로는 내 일과 앞으로 되고자 하는 나를 제대로 표현할 수 없었다. 그래서 '함께 일하고 싶은 디자인 전문가'라는 자기 정체성을 그려보기로 했다. 이에 내 일에 전문성을 구성하는 여섯 가지 요소를 정의했다.

여섯 가지 요소에 대해 먼저 간략히 말해보려고 한다. 태도, 지식, 기술은 주니어급 사원이 갖춰야 할 기본적인 요소다. 사고력, 브랜딩, 커뮤니케이션은 연차가 올라갈수록 사수, 팀장, 리더로 올라가기 위해 갖춰야 할 요소다.

태도, 지식, 기술은 경험이 부족해도 갖출 수 있는 요소다.

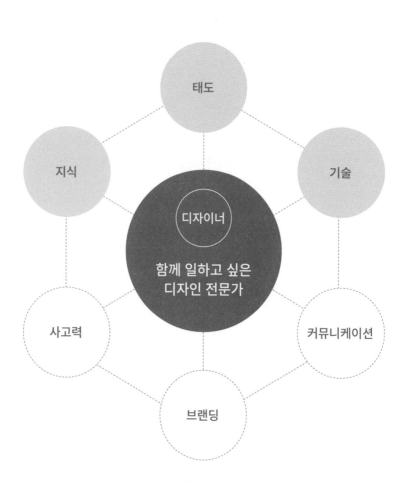

하지만 경력이 쌓이면서 기본 요소를 갖추고 나면 그 이상의 역량이 필요해진다. 사고력과 커뮤니케이션은 글로 배우기 어려운 요소다. 반드시 풍부한 경험이 뒷받침되어야 한다. 프로젝트를 이끌기 위해, 다양한 분야와 협업하기 위해 필요한 조건들이다. 사실 이들 중에서 브랜딩은 조직에 의존하지 않고 유통기한 없이 원하는 일을 하기 위해 갖춰야 할 역량이다. 앞에서 말한 다섯 가지 요소를 잘 갖추고 있다고 해서, 반드시 브랜딩을 잘할 수 있는 것은 아니다.

나는 언제나 드라이퍼스 모델과 전문성의 여섯 기둥을 잊지 않으려고 노력한다. 여섯 가지 요소의 균형을 맞추기 위해 배우고 생각하며 일한다. 어느 요소는 잘하지만 어느 요소는 부족하기 때문에 전체적인 그림을 머릿속에 담아두고 살피며 하나씩 보완해 나간다. 심적 표상은 스스로 피드백을 가능하게 만드는 구조를 가졌다. 이러한 자기 교정은 전문가의 가장 중요한 자질 중 하나다.

전문가의 여섯 기둥은 디자이너뿐만이 아니라 대다수의 분야에서 활용할 수 있는 기본 틀이라고 생각한다. 나는 이 틀을 갖추는 데 10년이 걸렸다. 하지만 이 글을 보는 누군가는 이 틀을 자기 성장의 지도로 맞게 고치고 활용해, 성장에 필요한 시간을 효과적으로 단축하길 바란다.

연차와 경력이 쌓일수록 회사에서 요구하는 범위가 달라진다. 더 많은 일, 더 어려운 일을 하게 되면서 어느 순간에는 초보자 시절에 알던 일이 아닌, 다른 형태의 일을 하기도 한다. 이때 자기 나름의 심적 표상 시스템이 없다면 정체성의 혼란을 겪을 위험이 있다. 그래서 직업이나 소속 또는 직급이 바뀌어도 달라지지 않는 나의 본질, 나의 중요한 측면을 담아 새롭게 정체성을 정의할 필요가 있다.

내 안의 멘토는 고정되어 있지 않다. 성장 단계에 따라 정교하게 세분화되기도, 확장하며 새로운 요소가 추가되기도 한다. 오래전에 설계한 나의 멘토, '함께 일하고 싶은 디자인 전문가'를 지금 시점에서 더 구체적으로 정의한다면 이렇게 말할 수 있다.

"나는 능동적으로 대상의 맥락을 파악하고, 우선순위를 잘 정립하여 일의 적절함을 추구하는 사람이야."

나는 예쁜 그림을 그리는 사람, 포토샵을 잘 다루는 사람에만 속하지 않는다. 때로는 일에서 시각적인 요소를 전혀 다루지 않을 수 있고, 때로는 시각 요소를 포함해 서비스 전반을 포괄하는 구성안을 제안해 달라는 요청을 받을 수도 있다. 일의 성격이 바뀐다 하더라도 맥락을 파악하며 우선순위와 적절함을

전문가의 지식 시스템

자기 인식/메타 인지
나를 보는 나

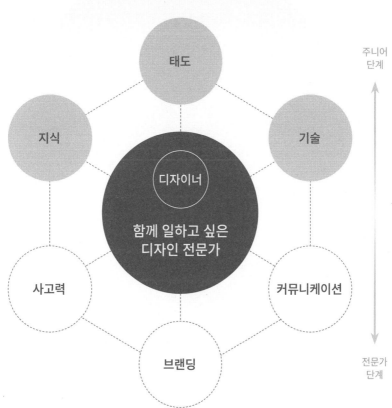

태도

지식

기술

디자이너

함께 일하고 싶은
디자인 전문가

사고력

커뮤니케이션

브랜딩

주니어
단계

전문가
단계

추구하고 있다면, 나는 여전히 디자이너다.

처음에 설정했던 버전 1.0 '디자이너'에서 버전 2.0 '함께 일하고 싶은 디자인 전문가'가 되었다. 그다음 버전 3.0 '영감을 주는 사람'으로 업그레이드하는 동안, 나는 할 수 있는 것과 하고 싶은 것이 점차 많아졌다. 디자인과 전혀 다른 분야처럼 보이는 글쓰기를 시작한 후로 "디자인은 이제 안 하실 건가요?"라는 질문을 가끔 받는다. 하지만 사실 글쓰기는 디자인 범위 안에 있는 일이다. 다만 주로 쓰이는 재료가 그림이 아니라 글자일 뿐이다. 글쓰기는 다음 버전의 디자이너로 도약하기 위해 또 하나의 심적 표상을 구축하려는 새로운 시도다. 신규 버전의 나는 이전 버전의 나를 포함한다. 전문가는 독학자다. 우리는 모두 자기 자신을 배우고 가르치는 멘토가 되어야 한다.

주변인의 잠재력

모두 잘 고쳐지지 않는 습관을 하나씩 가지고 있을 것이다. 하나의 습관이 형성될 때에는 생각보다 사회적 환경의 힘이 크게 작용한다. 특히 나와 함께 살고 함께 일하는 사람들이 내 습관에 많은 영향을 미친다. 따라서 내가 속한 사회를 잘 살펴볼 필요가 있다. 우리는 각각 다른 이유로 여러 집단에 소속된다. 크게는 국가에 소속되어 있고, 작게는 회사, 가족, 동네 헬스장 회원 등으로 소속되어 있다.

크기에 상관없이 집단은 저마다 구성원에게 기대하는 행동이 있다. 이 기대감은 우리가 행동을 하게 만드는 중요한 요인이다. 내가 원하는 모습과 행동이 있다면, 그 모습과 행동을 정상적으로 받아들이는 그룹에 들어가 보면 좋다. 그곳에서 나는 그 기대 범주에 맞게 행동하려 할 것이다. 발전하려는 욕구와 소속되고자 하는 욕구가 결합될 때, 습관은 저절로 만들어진다.

내향적인 성향의 나는 여러 사람들을 만나는 것보다 사람들이 쓴 글을 읽는 것이 좋았다. 차분히 정리하고 내 것으로 소화시킬 시간을 가질 수 있다는 점도 좋았다. 그러나 이를 지속적인 실천으로, 습관으로 만들기에는 유인책이 필요했다. 책을 자주 읽는 습관을 들이기 위해 가장 쉬운 방법은, 책을 자주 읽는 사람들을 주변인으로 만드는 것이었다.

주변에 내가 원하는 행동을 하는 사람이 없다면, 그 행동을 당연하고 자연스럽게 실천하는 모임을 찾아보면 좋다. 매일 읽기가 당연한 사람들이 모인 곳으로 나를 데려가면 나는 그런 사람이 될 가능성이 매우 높아질 테니까. 원하는 바가 있다면 주변을 바꿔야 한다.

환경이 나를 물들인다

내가 원하는 행동이 자연스럽게 받아들여지는 모임을 갖고 싶다. 이를 어디서 찾을 수 있을까? 나는 언제나 읽고, 쓰고, 말하면서 어제보다 조금씩 나아지는 삶을 살고 싶었다. 그러나 주변을 돌아봤을 때, 나처럼 읽고 쓰며 말하는 일에 의욕이나 즐거움을 찾는 사람을 찾기가 요원했다. 내가 원하는 행동을 하는 사람을 찾기가 어려웠다. 오랜 세월 이런저런 모임을 찾아다녔지만 만족할 만한 곳을 찾지 못했다. 그래서 내가 직접 만든 것이 실천과 기록을 공유하는 커뮤니티 플랫폼이었다.

이제 나는 글을 쓰고, 책을 읽고, 아는 것을 실천하는 수많은 '주변인들'에게 둘러싸여 있다. 습관은 나를 둘러싼 문화로부터 자연스럽게 몸과 마음으로 스며드는 것이라는 사실을 커뮤니티 일원들을 통해 매일 깨닫는다. 나쁜 습관에서 벗어나고 싶다면 기억해야 한다. 내가 원하는 행동을 당연하게 생각하는 사람들이 있는 곳으로 나를 데려가야 한다는 사실을.

정체성을 만드는 것은 습관이며,
습관을 만드는 것은 의지가 아닌 환경이다.

읽는 사람만이 손에 넣는 것

"책이 밥 먹여주니? 그림만 그려서 뭐 먹고살래?"

아빠에게는 먹고사는 일이 우선이었다. 디자이너가 되겠다며 수능을 포기했던 때, 대학 졸업 후 사회생활을 시작하면서 닥치는 대로 책을 사 모으던 때, 늘 하던 말이었다. 내 학창 시절만 해도 어른들은 책쟁이와 그림쟁이를 돈 못 버는 직업이라고 여겼다. 아마 골방에서 펜과 종이를 두고 씨름하는 모습을 떠올리며, 뜬구름만 잡는 가난한 인간들이라고 생각했을 것이다.

세월이 흐른 지금, 우리는 아이러니하게도 작가와 디자이너가 인공지능이 대체하기 어려운 직업 순위 상위권을 차지하는 시대를 살고 있다. 나는 어른들이 걱정하던 바로 그 '책과 그림'으로 생활에 필요한 만큼 잘 벌어서, 잘 먹으며, 잘 살고 있다. "책만 계속 읽어서 어디다 써먹게? 그림 그려서 한 달에

100만 원이나 벌 수 있어?"라고 말했던 아빠는 걱정 많은 첫째가 10년 후, 20년 후 은퇴 없는 평생 현역 전문가가 될 거라 예상하지 못했을 것이다.

나는 어릴 적부터 여러 가지로 유별난 아이였다. 궁금한 게 많아 질문을 너무 많이 해서 집에선 나를 '말순이'라고 불렀다. 왼손잡이였던 나는 제발 글씨만은 오른손으로 쓰라는 잔소리에 시달리며 강제로 양손잡이가 되었다. 물건 모으는 걸 좋아해서 침대 밑을 오만가지 잡동사니로 가득 채우기도 하고, 집에 있는 은박지 한 통을 다 써서 배우 오드리 헵번의 머리 위에나 어울릴 법한 반짝이는 모자를 만들기도 했다.

'이상하다, 특이하다, 재미있다, 집착한다'라는 수식어는 사는 동안 늘 따라다녔다. 나는 그저 내 머릿속에 있는, 보이지 않는 생각을 어떤 형태로든 표현하고 싶었을 뿐이다. 책과 그림은 내가 세상에서 숨을 쉬는 통로였다. 그중에서도 내가 성장해 온 과정 속에는 책이 만들어 준 두 번의 전환점이 있다.

좋아하는 걸 해봐야 하는 이유

23살에 대학에 입학해 27살에 디자인 전문 회사에 입사하면서, 10년 만에 목표를 이뤘다. 회사에 입사하니 대학에 다닐 때 만들었던 '내 맘대로 예술작품'은 아무짝에도 쓸모가 없었다. 실무에 바로 쓸 수 있는 진짜 디자인을 다시 배워야 했다. 나름대로 잘 배우고, 잘해왔다고 생각했던 것들이 현장에서는 막상 쓸모가 없었다. 하얀 캔버스에 새로운 것을 그려내야 한다는 압박, 결과물을 앞에 두고 일일이 지적받는 상황. 이 모두를 견딜 수 있는 정신력을 키워야 했다.

한편 내가 만든 디자인이 고객사의 상황에 의해 이리저리 바뀌거나 전면 재수정되었다. 아무리 열심히 만들어도 수명이 3개월, 6개월, 길어봐야 1년을 넘기기 어려웠고, 그 현실을 받아들이기 힘들었다. '예쁜 쓰레기'를 만들고 있다는 생각이 들었다. 일에 소명이 생기지 않았다.

롤모델을 찾고 싶었지만 '저 사람처럼 되고 싶다'는 생각이 드는 존재는 없었다. 그저 디자인이 좋아서, 무언가를 만드는 게 좋아서 시작했는데, 그것만으로는 이 일을 계속할 수 없었다. 앞으로 어떤 방향으로 어떻게 성장해야 할지 너무 막막했고, 혼란 속에서 매일을 보냈다. 언제나 남보다 늦게 시작했다는 강박에 시달렸다. 나보다 어린 친구들과 경쟁하면서, 출발선이 다른 만큼 더 잘해야 한다는 생각으로 스스로를 다그쳤다. 그러나 지나친 의욕은 오히려 성장을 더디게 만들었다.

회사를 그만두고 대인 공포증이 생겨 3개월 동안 집에만 처박혀 있었다. 이 시기를 극복하고 세상으로 걸어 나가야겠다는 결심을 했을 때, 내가 한 일은 커다란 종이에 마인드맵을 그린 것이다. 내가 좋아하는 것을 눈에 보이게 그려내고 싶었다.

디자인과 책이라는 키워드를 중심으로 가지가 쭉쭉 뻗어나갔다. 흰 종이가 가득 찰 때쯤 불현듯 책을 공부해야겠다는 생각이 들었다. '디자인만큼 좋아하는 책에 대해서도 제대로 알고 싶어. 지금이 아니면 안 돼!'라는 강한 확신이 들었다. 슬럼프에 빠진 나에게 어떤 형태로든 분명 돌파구가 될 것이라는 생각이었다. 그해 가을, 서울 출판 학교SBI에 입학했다. 내 첫 번째 전환점이었다.

출판 학교는 해마다 편집/마케팅/디자이너 부문에 각각 20여 명의 학생을 선발한다. 출판 현장에서 일하고 있는 실무자와 대표가 직접 강의하는 형식으로 6개월 동안 교육이 진행된다. 나는 마케터 과정을 선택했다. 오전 9시부터 오후 4시까지 평일 내내 친구들과 공부하는 생활이 시작되었다.

입학 후 가장 먼저 눈에 들어온 것은 나보다 책을 훨씬 많이 읽는 동기들이었다. 23살부터 31살까지, 서로 다른 나이와 전공의 사람들이 저마다 출판업에 대한 꿈을 가지고 한곳에 모여 있었다. 문학 마니아, 역사를 전공한 친구, 개인 사업을 하다 온 친구, 세계 일주로 20대를 외국에서 보낸 친구 등 모두 개성 있고 똑똑한 사람들이었는데, 내가 전혀 모르는 분야의 책을 읽고 이야기하는 모습이 신선했다.

그곳에서 우리는 서점 MD, 대형 출판사 마케터, 1인 출판사 대표 등 다양한 사람들을 만났다. 유명한 출판사 대표의 특강도 종종 들었다. 온·오프라인 서점의 관계와 책의 유통 및 제작 과정도 배웠다. 출간 예정인 원고의 제목과 표지, 마케팅 계획을 구상하는 시간도 흥미로웠다. 수업 중에 우리 팀이 만든 책의 제목이 그대로 반영되어 출간되기도 했다. 이렇게 책을 중심으로 한 경험들은 디자이너만 모여 있을 때는 없던 자극을 주었다. 오래전 미술 학원에서 처음 그림을 배울 때처럼 다시 한번 심장 뛰는 하루하루를 보냈다.

출판 학교 이후 나에게 일어난 가장 큰 변화는 독서 방식이다. 단순히 글자만 따라 읽던 수동적인 독자였던 내가, 책을 만드는 제작자와 마케터의 눈으로 책을 읽기 시작한 것이다. 날것의 원고가 어떤 과정을 통해 책으로 제작되고 유통되어 나에게 오는지 알고 나니, 책이 주는 권위에 주눅 들지 않고 친근하게 대할 수 있었다.

싫어하던 것들을 잊어버리기 위해 코를 파묻고 책을 읽는 게 아니라, 한발 물러나 흐름과 분위기를 보며 책을 선택하는 여유도 생겼다. 또한 내가 아는 사람들이 만들었다는 생각에 책 한 권 한 권이 모두 소중하게 느껴졌다. 책을 둘러싼 환경, 사람, 과정의 이해는 객관적이면서 주체적으로 책을 읽도록 만들었다.

미련 없이 떠날 수 있는 이유

1년 정도 책에 집중하는 시간을 보내고 나니, 다시 디자인 분야로 돌아가 일하고 싶어졌다. 예전과 달라진 나 자신을 느꼈고, 책과 함께라면 디자이너로서 새롭게 방향을 잡고 성장해 나갈 수 있겠다는 생각이 들었다. 앞으로 이루고 싶은 디자이너의 모습과 자질을 구상했고, 이를 이루기 위해 어떻게 해야 하는지 고민했다. 그리고 각각의 자질마다 책에서 인생의 멘토를 소환했다. 피터 드러커, 다니엘 핑크, 말콤 그래드웰, 빅터 파파넥, 나가오카 겐메이…. 예전에 읽었지만 망각 속으로 집어던져 놓았던 책들을 다시 꺼내 들었다. 그들과 함께 내 소명에 관해 치열하게 고민했다. 비전의 부재는 내가 넘어야 할 가장 큰 벽이었고, 능동적으로 목적을 가지고 책을 읽고 나니 어느 순간 벽은 계단이 되었다.

주니어에서 전문가로 한창 성장해야 할 시기에 다른 분야의 공부를 하겠다는 무모함은 어디서 온 것일까? 디자인은 트렌드를 읽는 감각이 중요하기 때문에 조금만 늦어도 금방 뒤처지곤 한다. 실무에서 손을 뗄 때에는 커다란 용기가 필요하다. 시간이 흘러 출판 학교 면접관이었던 선생님께, IT 업계에서 디자인하던 나를 왜 뽑았는지 물었다. 선생님은 내가 절박해 보였다고 하셨다. 만일 그 절박함을 다른 방향으로 발산했다면 어땠을까? 지금쯤 고객이 시키는 대로 적당히 그림만 그려내는, 그렇고 그런 디자이너가 되지는 않았을까. 만일 그랬다면 몇 살까지 벌어먹고 살 수 있을지, 막막해하는 나날을 보냈을 것이다. 어쩌면 이미 디자인을 포기한 상태일지도 모른다.

나는 요즘 두 번째 전환점에 서 있다. 디자이너로 맞이할 40대의 내 모습을 구체화하는 과정에 있기 때문이다. 지난날 내가 상상할 수 있는 디자이너의 최선은 회사에서 필요로 하는 사람, 고객이 원하는 것을 잘 파악하는 사람, 목적에 맞는 결과물을 잘 만들어 내는 사람이었다. 하지만 아무리 최선을 다해 일해도, 회사가 나를 물심양면으로 지지한다고 해도 회사의 주인은 내가 아니다. 명함의 직위는 언젠가 사라지며, 회사에 소속된 직원이 할 수 있는 일에는 명확한 한계가 있다.

시대는 너무 많이 변했다. 예쁜 상품을 만들어 내놔도, 잘 팔릴 거라는 보장이 없다. 서비스를 둘러싸고 있는 사람, 환경, 제약, 시간, 트렌드 등을 다양한 관점에서 접근하는 방법을 알지 못하면 어느 순간 자리에서 밀려날 수밖에 없다.

책으로 얻은 생각의 힘은 성장의 엔진이 된다. 길이 너무 많아 어디를 선택해야 할지 혼란스러울 때, 또는 길이 하나밖에 없어 선택권이 없다고 느껴질 때 책은 믿음직한 이정표가 된다. 길이 너무 많은 사람에겐 우선순위를 통해 더 중요한 선택이 무엇인지 알려주고, 하나의 길만 있는 사람에게는 보지 못한 다른 길을 안내한다.

　누구나 일을 하다 보면 연차와 경력에 상관없이 크고 작은 문제, 의문, 혼란 그리고 슬럼프와 마주치게 된다. 그때 우리는 스스로 질문해야 한다. 어떻게 답을 찾아나갈 것인지, 어디서 답을 찾아낼 것인지. 그때 가장 쉽고 빠른 방법은 책이다. 나에게 맞는 책을 선택하고, 답을 찾아가는 과정을 통해 우리는 충분히 자기 자신을 성장시킬 수 있다. 내가 직접 겪었기에 확신할 수 있다.

　"지금까지 만나본 디자이너들과 좀 다르신 것 같아요."

　우리는 모두 자기 생각의 산물이며 겉모습은 내면이 반영될 수밖에 없다. 흔들리지 않는 자존감, 일을 안정되게 만드는 전문성, 함께 일하고 싶은 신뢰감은 오직 책을 읽는 사람만이 손에 넣을 수 있는 내공이다. 남들이 모르는 뭔가가 있는 사람, 그 사람은 바로 책을 읽는 사람이다.

3색 볼펜으로 거침없이 더럽혀라

내 책상에는 늘 여러 권의 책이 쌓여 있기 때문에 동료들이 지나가다 말을 걸거나 책을 펼쳐보는 경우가 종종 있다. 어느 날 동료 M이 내가 책에 그은 3색의 밑줄을 보고 밑줄 색이 왜 제각각인지, 일부러 다르게 그은 이유가 있는지 물었다.

"이거 직접 그으신 줄인가요?"

"네, 그럼요."

"그런데 색이 여러 가지네요?" 누군가 책에 관해 물으면 나도 모르게 신이 나서 말을 쏟아내는데, 이번엔 직접 쓰는 3색 볼펜까지 보여주며 말했다.

"유용한 정보는 파란색, 책 내용이랑 상관없이 맘에 드는 문장은 초록색으로 그은 거예요. 정말 중요한 핵심 문장엔 빨간색! 책을 읽을 때 대부분의 사람들이 수동적으로 글을 따라가잖아요. 사실이랑 의견을 구분도 안 하고. 뉴스에서 아나운서들도 자기 생각을 사실인 것처럼 말하는 경우가 많은데 훈련이 안 되어 있는 거죠.”

동료 M은 고개를 끄덕이며 신기하다는 듯 책장을 넘겨 밑줄을 살폈다. 그러고는 예전부터 책상에 올려놓고 읽지 않은 책을 펼쳐봐야겠다며 자리로 돌아갔다.

3가지 색으로 읽는 책

소설가 김중혁의 말처럼 ‘하얀 종이에 까맣게 글씨를 채우는 게’ 저자의 역할이라면, 그 위에 다양한 색으로 생각과 취향을 더하는 건 독자의 역할이다. 정해놓은 순서 그대로 따라가지 않고, 매 순간 문장을 판단하며 다른 색으로 줄을 그어나가는 방식은 책 속으로 달려드는 적극적인 독서다. 또한 내 입장에서는 흑백의 종이 위에 그림을 만들어가는 일종의 디자인이다. 책을 통해 성장하고 변화하는 나를 기록하는 과정이기도 하다. 보이지 않는 가치를 시각적으로 표현하는 것을 디자인이라고 한다면, 줄을 긋는 단순한 행동만으로 우리는 디자이너가 될 수 있다.

누구나 한 번쯤 초등학교 과학시간에 프리즘으로 무지개를 만들던 기억이 있을 것이다. 삼각형 유리 기둥에 햇빛을 비추면 빛 속에 숨어 있던 세상의 모든 색이 파노라마처럼 펼쳐진다. 3색 볼펜을 구성하는 빨강, 파랑, 초록은 빛의 3원색이다. 3색으로 밑줄을 긋는 것은 저자가 책 속에 담아놓은 생각의 빛을 독자가 3색 볼펜이라는 프리즘을 통해 분해하는 작업이다.

색은 가장 원초적인 시각 요소다. 색으로 표시한 문장은 하나의 인상적인 그림으로 눈에 새겨진다. 무엇이든 시각으로 파악해야 효과적이다. 글자는 좌뇌를 자극하고 색은 우뇌를 자극한다. 글자와 색의 결합은 기억을 오래 지속시킨다.

3색 중 파랑은 차분한 이성의 색이다. 책의 메시지가 드러나는 중요한 부분에 사용한다. 객관적인 사실로서 중요한 정보이기 때문에 3색 중 가장 많이 사용한다. 반면 빨강은 주인공이다. 가시성이 월등해 결코 조연이 될 수 없다. 정열과 생명력을 상징하며, 따뜻하면서도 대담하다. 저자의 주장을 드러내는 핵심 문장이나, 심장을 뛰게 하는 울림의 문장을 위한 색이다. 빨강은 아껴야 한다. 초록은 취향의 색이다. 휴식, 희망, 성장, 안정, 위안을 의미한다. 책의 주제와 상관없이 나의 시선을 끄는 특별한 문장, 표현이 재미있거나 공감이 가는 문장에 긋는다.

색을 세 가지로 구분하는 이유는 주체적으로 읽기 위해, 저자와 내 생각을 구분하기 위해, 사고의 전환을 시각적으로 드러내기 위해서다. 읽기에도 수준이 있다. 글의 요지를 파악하고 사실과 의견을 구분하는 능력에 따라 같은 책을 읽어도 받아들이는 정도에 차이가 생긴다. 우리는 용도에 맞게 색을 바꾸며 줄을 긋는 연습을 통해 읽기의 수준을 크게 향상시킬 수 있다. 일본 최고의 교육 심리학자이자 메이지대학교 문학부 교수인 사이토 다카시는 한 가지 펜으로만 줄을 긋는 건 머릿속 기어가 하나밖에 없는 것이라고 말하기도 했다.

나는 꽤 오랜 시간 동안 한 가지 색으로 줄을 그어왔다. 색을 구분해야겠다고 결심한 것은 광고인 박웅현의 책을 봤을 때였다. 그는 기자 출신의 소설가 김훈의 문장들을 예찬하며 '의견과 사실을 구별해 내는 능력이 있어야 한다'고 했다. 창의성은 일상을 다시 보는 눈에서 비롯된다고 말이다. 아직 여물지 않은 디자이너였던 나는 박웅현과 김훈처럼 섬세하게 세상을 보는 예민한 촉수를 가지고 싶었다. 그래서 그 책을 읽은 이후로 색을 구분해 밑줄을 긋기 시작했다.

오래 새겨두려고 선을 그어둡니다

형광펜, 연필, 색연필, 포스트잇 등 다양한 방법으로 책에 흔적을 남기는 시도가 있었다. 처음에는 형광펜으로 줄을 그었다. 책에 메모를 하지 않던 시절이다. 기분에 따라 노랑, 파랑, 초록 형광펜을 집어 들었다. 형광펜은 색이 너무 강렬하고 필기를 하려면 추가로 펜을 가지고 다녀야 했기 때문에 어느 순간부터 연필을 사용하기 시작했다. 연필은 선을 그을 때 전해지는 촉감이 좋아 오랜 시간 함께했다. 색을 구분해야겠다는 생각을 하고 나서는 연필 대신 2색 색연필을 사용했는데, 금세 뭉툭해지는 성질 때문에 글씨 쓰기에 불편했다. 또한 깨끗하게 색을 구분하기 어려워서 오래 사용하지 않았다.

볼펜은 필기에 제격이다. 지울 수 없기 때문에 단호함과 용기를 요구하며 그만큼 신중히 줄을 긋게 한다. 3색으로 밑줄 긋기는 작은 습관이기는 하지만 간편하지 않으면 지속하기 어렵다. 그래서 여러 개의 펜이 아닌 한 자루의 3색 볼펜에 정착하게 되었다.

내 안에 오래 새겨두고 싶은 문장을 만나면 3색 볼펜으로 힘주어 줄을 그어보자. 밑줄 긋기는 눈과 손으로 한 번씩 읽는 자연스러운 2번 읽기 독서다. 색이 다른 밑줄은 이정표가 되어 수월하게 다시 읽을 수 있도록 돕는다.

3색으로 밑줄 긋기가 익숙해지고, 무채색의 활자를 자기만의 색으로 채색하는 쾌감을 알게 되면, 어느 순간부터 밑줄을 그을 만한 문장이 나타나기를 설레는 마음으로 기다리게 될 것이다. 만일 밑줄을 긋고 싶은 문장이 하나도 없는 책이라면 당장 덮어버리자. 우리는 읽을 가치가 더 많은 책을 읽어야 한다.

소설가 이만교는 짙은 밑줄을 긋지 않고는 버틸 수 없는 문장을 '씨앗 문장'이라 말했다. 나에게도 씨앗 문장으로 가득한 나만의 빨간 책이 있다. 바로 일본을 대표하는 디자이너이자 디&디파트먼트의 경영자인 나가오카 겐메이의 저서 《디자이너 생각 위를 걷다》이다.

- 장벽은 지극히 평범한 현상이다.
- 일은 결과가 전부라고 말하는 사람이 있지만, 사실은 그 과정이 전부인 듯하다.
- 시작에는 설렘이라는 즐거움이 있고 지속에는 책임이라는 즐거움이 있다.
- '새롭다'는 것은 무엇일까. 하나는 '새것', 또 하나는 '낡지 않은 것'.

내가 긋는 밑줄은 곧 책의 온도가 된다. 깨달음의 종류와 빈도만큼 책은 다채롭게 변한다. 파란 줄이 가득한 책은 궁금함을 해결해 주는 시원한 책이고, 초록 줄이 가득한 책은 재미와 위로, 감동을 주는 포근한 책이다. 빨간 밑줄이 셀 수 없이 많은 책이라면 분명 내 인생의 뜨거운 책이 된다.

제법 쓸모 있는 전문가로 성장하기 위해 넘어야 했던 문턱마다 나는 씨앗 문장으로 되돌아가고는 했다. 두 번, 세 번 읽을 때마다 빛의 3원색으로 밑줄을 다시 긋는다. 빛의 색은 섞을수록 밝아지는 성질이 있다. 세월의 흐름 속에서 색은 빛이 되고 빛은 에너지가 된다.

3색 볼펜으로 당신의 책을 거침없이 더럽혀라. 빛의 3원색으로 디자인한 나만의 책들이 미래를 찬란한 빛으로 가득 채울 것이다.

4장

일 잘하는 사람은
혼자 하지 않는다

목소리를 잃어버리고
나는 쓴다

"언니, 괜찮겠어?"

"나 이제 괜찮아. 정말이야."

"사람들 앞에서 내 이야기를 한다는 거, 나는 너무 무서운데…"

동생이 새삼 걱정스러운 얼굴로 물었고 나는 애써 의연한 척 걱정하지 말라고 대답했다. 100여 명이 넘는 사람들 앞에서 스피치를 하기 위한 발표 자료를 준비하고 있었다. 한 달에 한 번 개최하는 대규모 독서 모임이 하루 앞으로 다가와 있었다. 고작 이런 이야기로는 채택이 안 될 거라 생각하고 지원했는데, 이 달의 스피커로 선정되었다는 통보를 받고 얼떨떨한 일주일을 보낸 참이었다.

첫 회사를 그만둘 수밖에 없었던 이유, 책 속으로 절박하게 도망갈 수밖에 없었던 이유, 그리고 용기 내어 다시 디자인을 시작할 수 있었던 이유가 내겐 명확히 있다. 언젠가는 말해야겠다고 다짐하고 있었지만, 이런 방식으로 사람들 앞에서 말하리라고 예상하지는 못했다. 속으로만 삼키던 이야기를 밖으로 꺼낸다는 것은 나에게 큰 도전이었다. 두려웠지만 어쩌면 이번 일을 통해 완전한 자유를 얻을 수 있겠다는 기대감이 들었다. 이어지는 글은 스피치를 위해 준비한 스크립트를 조금 다듬은 것이다. 책을 통해 전하는 일 역시 나에게 또 다른 자유를 선사해 주리라 믿으며.

고장 난 몸, 고장 난 삶

저는 디자이너입니다. 저는 제가 하는 일을 좋아합니다. 하고 싶은 게 없어 고민이라는 사람이 세상에는 너무나 많은데, 하고 싶은 일을 하고 있다는 점에서 저는 분명 운이 좋은 사람입니다. 그렇지만 좋아하는 일을 한다고 해서 언제나 즐겁기만 했던 건 아닙니다. 디자이너로 살아온 지난 시간 동안 저에게는 두 번의 커다란 전환점이 있었습니다.

대학교 4학년 어느 날, 감기에 심하게 걸려 기침과 고열이 심해지고 목소리가 잘 나오지 않았습니다. 시간이 흘러 감기는

다 나았지만 이상하게도 목소리는 돌아오지 않았습니다. 소리를 크게 낼 수 없고 심하게 떨리면서 말이 중간에 뚝뚝 끊겼습니다. 억지로 큰소리를 내려고 하면 누군가 목을 조르는 것처럼 힘들었습니다. 가슴이 답답하고 숨 쉬기가 힘들어졌습니다.

큰 종합병원에 진료를 받으러 갔습니다. 살면서 한 번도 들어본 적이 없는 '연축성 발성장애'라는 진단을 받았습니다. 아직까지 원인이 밝혀지지 않은 불치병이라고 했습니다. 실감이 나지 않았습니다. 하고 싶은 일이 너무나 많은데 앞으로 어떻게 해야 할지 혼란스러웠습니다. 이것이 바로 저의 첫 번째 전환점입니다.

당시 저는 졸업반이었기에 취업을 준비하고 있었습니다. 병에 걸린 초기에는 조용한 실내에서 작은 소리로 말하는 데는 큰 무리가 없어서 다행히 처음 지원한 회사에 바로 입사할 수 있었습니다.

그러나 저는 원활한 소통을 할 수 없는 디자이너였습니다. 디자이너는 동료 디자이너뿐 아니라 클라이언트, 개발자, 기획자 등 여러 사람과 끊임없이 소통해야 합니다. 소통은 디자이너가 갖춰야 할 너무나 중요한 능력입니다. 저는 제가 해야 할 일이 무엇인지 잘 알고 있었지만 제대로 할 수가 없었습니다. 큰 병원도 가보고, 한의원도 가보고, 보컬리스트를 위한 발성 학원과 아나운서를 위한 스피치 학원도 가봤습니다. 목에 좋다는 음

식들도 이것저것 먹어보았습니다. 안 해본 것이 없었지만, 목소리는 그대로였습니다.

경력 5년 차가 되면서 프로젝트를 이끌어야 하는 시점이 되자 직장에서 받는 스트레스는 극에 달했습니다. 일을 하다 멍하니 창밖을 보고, 아무 이유 없이 갑자기 눈물이 나고, 불면증에 시달리고 몸이 아프기 시작했습니다. 스트레스가 심해질수록 목소리는 더 안 좋아졌고, 아예 소리 자체를 낼 수 없는 지경이 되었습니다.

저는 결국 회사를 그만두게 되었습니다. 아무도 만나지 않았고, 가족들과도 대화하지 않았습니다. 스스로를 방에 가뒀습니다. 어려서부터 자존심이 강하고 하고 싶은 일은 반드시 해야하는 성격이었기에, 기본적인 일도 제대로 못하는 무능력한 인간이 되어버렸다는 생각으로는 일상을 견디기 힘들었습니다.

소통하려는 사람의 소통 언어

그렇게 3개월이 지난 어느 날, 더 이상은 이대로는 안 되겠다는 생각이 들었습니다. 지금 처한 상황에서 제발 벗어나고 싶었습니다. 제가 가장 먼저 한 일은 커다란 종이에 마인드맵을 그린 것이었습니다. 내가 좋아하는 것과 해야 할 일이 무엇인지 그려보자는 마음이었습니다. 디자인과 책이라는 키워드가 중심이었는데, 그중에서도 책을 공부해야겠다고 생각했습니다. 슬럼프에 빠진 나에게 어떤 형태로든 분명 돌파구가 될 것이라는 생각이었습니다. 그래서 그해 가을에 서울 출판 학교에 입학했습니다. 이것이 저의 두 번째 전환점입니다.

출판 학교에서 가장 인상적이었던 점은 책을 읽는 사람들만 모여 있다는 점이었습니다. 그동안 학교에서도 회사에서도 책을 많이 읽는 사람을 보는 건 흔하지 않았기 때문입니다. 저보다 책을 많이 읽는 사람들로 가득한 공간에서 함께 생활한다는 자체만으로도 제겐 신선한 자극이 되었습니다.

출판 학교를 다니는 동안 제 자신에 대한 생각을 많이 했습니다. '내가 좋아하는 일을 계속할 수 있을까. 내가 지금 그 일을 할 수 없는 이유는 뭘까. 커뮤니케이션이란 무엇일까. 내 핸디캡을 어떻게 극복할 수 있을까. 나는 정말 디자이너로 살아갈 수 있을까.' 책과 함께 진지하게 저를 돌아보는 시간을 보냈습니다. 어느 정도의 시간이 흐르고 저는 깨달았습니다. 저는 제 일과 상황을 너무 모호하게 생각하고 있었습니다.

그래서 제 일에 대해 정의를 해봤습니다. 디자인이란 협업을 통해 결과물을 만들어 내는 일련의 과정이자 행위입니다. 협업은 음성과 문자로 이루어지고, 결과물은 사용자와 생산자를 연결해 주는 시각적 소통입니다. 디자인은 소통에서 시작해 소통으로 끝나는 일입니다. 그중에 제가 어려움을 겪고 있는 부분은 협업을 위한 소통 중에서도, 음성 언어를 통한 소통이었죠.

여러분은 커뮤니케이션이 무엇이라고 생각하시나요? 저는 소통이란 단지 목소리만으로 이루어지는 게 아니라고 생각합니다. 잘 듣는 것, 맥락을 빠르고 정확하게 이해하는 것, 내용을 정리하고 적절한 타이밍에 전달하는 것, 메시지의 핵심을 먼저 말하는 것, 표정과 태도에 진정성을 드러내는 것 등 많은 요소가 복잡하게 얽혀 있는 기술이자 태도입니다. 저는 제가 부족한 부분이 아니라 '할 수 있는 다른 요소'에 더 집중하기로 마음먹었습니다. 발성장애로 인해 오히려 저의 '일'과 '소통'에 대해 더 깊게 이해하게 되었습니다.

처음 발성장애 진단을 받은 지 10년이 지났습니다. 여전히 목소리는 돌아오지 않았습니다. 하지만 지금의 저는 예전처럼 두렵거나 슬프거나 외롭지 않습니다. 핸디캡을 부정하던 시기에는 세상 모든 것이 불행하기만 했는데, 핸디캡을 인정하고 받아들이게 되니 오히려 목소리가 전보다 좋아졌습니다. 이제는 아무렇지도 않게 말하고 일하고 생활하고 있습니다. 지나온 시간을 통과하며 제가 배운 것을 두 가지로 정리해 본다면 이렇습니다.

1. 핸디캡을 인정하고 적극적으로 끌어안아 함께 걸어가기

2. 할 수 없는 것보다 할 수 있는 것에 집중하기

제가 상실로부터 배움을 얻을 수 있었던 것은 진지한 고민을 바탕으로 해온 '테마가 있는 독서' 덕분이라고 생각합니다. 책을 읽는 사람은 자신의 인생을 그냥 아무렇게나 내버려 두지 않는다고 생각합니다. 우리가 책을 통해 얻어야 할 것은 단순히 지식이 아니라 읽고 생각하고 체화해서 실제 삶에 적용하는 것입니다. 책은 조금 더 냉정하게 자신의 상황을 둘러보고, 진지하게 고민하게 하며, 한발 앞으로 나아가는 방법을 찾아나가는 데 도움이 된다고 확신합니다.

저는 지금 행복한 디자이너입니다. 이렇게 많은 분들 앞에서 제가 지난 10년 동안 배운 것들에 대해 이야기할 수 있게 되어 진심으로 기쁘고, 또 고맙습니다.

운명을 이기는 글쓰기

"만약 아프지 않았다면 진선 님은 지금 이 일이 아닌 다른 일을 하고 있었을까요?" 동료 Y가 물었다. 갑작스러운 질문에 당황했지만 이내 생각했다. '내가 만일 아프지 않았다면, 무슨 일을 하고 있을까? 지금과는 다른 삶을 살고 있었을까?'

오랜만에 무심코 펼친 책 속에서 5년 전의 나를 만났다. 지금의 나를 만든 것이 바로 그때의 나였구나 싶어 잠시 눈물이 핑 돌았다. 분주하게 읽어내려 간 책 속의 흔적을 보며 제법 투지가 있는 녀석이었구나 싶어 슬쩍 웃음도 났다. 그때도 지금의 나처럼 바쁘게 아등바등 뭔가를 하고 있었구나 싶어 한숨도 터져 나왔다.

그런 운명 따위는 이겨내 주마

책《운명 따위 이겨주마》의 주인공 오고다 마코토는 시각장애인 변호사다. 언제나 마이너스에서 출발할 수밖에 없는 불리한 조건을 자기만의 개성으로 뒤집은 그는 진정 마음이 단단한 사람이다. 나는 궁금했다. 어떻게 시각장애라는 핸디캡을 극복하고 일과 삶에서 나름의 성취를 이룰 수 있었는지. 그리고 어떻게 그 과정을 책으로 써서 다른 나라에 사는 나에게까지 메시지를 전할 수 있었는지.

책을 펼치는 순간부터 마지막 장을 덮는 순간까지 '변호사'는 디자이너로, '시각장애'는 발성장애로 단어를 고쳐 쓰며 읽었던 기억이 난다. 거듭 다시 읽으며 그의 200페이지짜리 자서전은 나의 자서전이 됐다.

그렇게 책을 읽은 나는 미래를 다짐하며 하얀 면지 위에 짧은 글을 적었다. 그땐 이것이 놀라운 자기 실현적 예언Self-fulfilling Prophecy이 될 줄은 전혀 모르고 말이다.

2016.2.21.일

시각을 잃은 변호사의 이야기는 목소리를 잃은 디자이너의 이야기와 다르지 않다. 나도 그가 했던 것처럼 한계와 어려움을 느끼는 사람들, 고독과 싸우는 이들에게 힘이 되는 책을 쓰고 싶다. 많은 사람에게 희

망을 주는 책으로 베스트셀러에 내 이름을 올릴 것이다. 퍼스널 브랜
딩의 발판을 갖추자. 1인 기업가로 성공하자!

2016.6.17.금

목소리를 잃은 디자이너의 커뮤니케이션을 한 권의 책으로 써낼 수 있
을 것이다. 소통과 대화의 형식은 목소리만이 아닌 외모, 태도, 아웃
풋, 메시지 등 여러 가지다. 눈으로 볼 수 없는 사람이 변호사를 꿈꾼
것처럼, 말할 수 없는 사람이 강의하는 꿈을 꾸는 것. 수많은 사람과
소통하는 메신저가 되려 하는 것, 가능하다. 운명 따위 이겨주마. 나는
책으로, 디자인으로 크게 성공할 것이다. 작가, 강사, 강연가, 디자이
너, 컨설턴트. 모든 꿈을 이룬다. 이루었다.

브런치에 글을 쓴 지 2년이 넘었다. 2017년에 4개의 글을
쓰다가 포기한 지 2년 만에 다시 글을 쓰기 시작했다. 그동안
30개의 글을 썼고 구독자는 5,500명이 넘었다. 이 숫자가 만들
어지는 과정에서 나는 내적으로도 외적으로도 큰 변화를 경험
했다. 아니, 전혀 다른 삶을 살게 됐다고 말하는 편이 더 정확할
것이다.

평범한 직장인이 퇴사를 하고 사업을 시작한다. 낯선 사람
과의 대화를 어색해하던 내향인이 사람들을 모아놓고 커뮤니
티 매니저를 한다. 흔하디흔한 에이전시 디자이너가 출판사와

계약을 하고 작가가 되어 책을 쓴다. 처음 가는 모임에서 이름만 듣고 알아보는 사람들이 생긴다. 나를 만나기 위해 내가 만든 서비스에 사람들이 찾아온다. 그렇게 매일같이 벌어지는 어리둥절한 일들 때문에 정신없이 바쁘게 1년을 보냈다. 그저 내 경험을 담은 글을 썼을 뿐인데 말이다.

'드러내는 글쓰기'의 힘

《운명 따위 이겨주마》를 읽은 5년 전의 나는 지금의 나와 마찬가지로 현실보다 더 나아지고 싶은 욕심이 있었다. 읽고 배우며 알게 된 것을 사람들과 나누고 싶다는 마음도 있었다. 그렇지만 1년, 2년이 지나도 삶에서 큰 변화는 일어나지 않았다. 그 이유는 무엇일까? 차이는 하나다. 예전의 나는 아무도 보지 않는 나만의 일기장에 글을 썼고, 지금은 모두가 볼 수 있는 온라인에 글을 쓴다는 것이다.

보이는 곳에 글을 쓴다는 것은 특별하다. 내 가치를 온전히 드러낼 수 있기 때문이다. 회사에서 일을 할 때, 이직을 위해 면접을 볼 때, 심지어 소개팅을 할 때도 내 내면에 있는, 수치화하기 어려운 무형의 자산을 상대방에게 완벽히 전달하기란 불가능하다. 그래서 종종 나는 사람들 사이에서 '나는 그런 사람이 아닌데'라는 억울함을 느끼고는 했다.

무형의 자산이란 경험, 지식, 깨달음, 시도한 것, 실패로 부터 배운 것, 열정적으로 파고든 대상, 끈기, 투지, 가치관, 관심사, 전문성, 가능성 등 나를 이루는 다양한 내적 가치를 말한다. 돈이나 집과 같은 유형 자산만 자산이 아니다. 온라인으로 언제 어디든 연결될 수 있는 이 시대에, 무형 자산의 힘을 알고 활용하는 것은 매우 중요하다.

오전부터 저녁까지 함께 일하는 직장 동료라고 해서, 10년지기 절친이라고 해서, 평생을 함께 산 가족이라고 해서, 서로 사랑하는 연인이라고 해서 나를 잘 안다고 말할 수 있을까? 모두가 어느 한 측면에서 나를 보고, 알고, 판단할 수밖에 없다. 그러니 면접에서 1시간 동안 대화하는 것만으로는 당연히 그 사람을 제대로 판단할 수 없다. 일과 삶에서 '있는 그대로의 나'를 제대로 인정받지 못하는 사람은 수없이 많다.

글이란 보이지 않는 내 안의 가치를 눈에 보이도록 가시화하는 훌륭한 도구다. 말은 발화하는 순간 사라지지만 글은 축적되어 오랜 시간이 흘러도 사라지지 않는다. 드러내는 글쓰기를 해야 하는 가장 중요한 이유는 온라인에 축적한 글들이 내가 잠을 자고 있을 때도, 밥을 먹고 있을 때도, 누워서 유튜브를 보고 있을 때도 새로운 기회와 연결될 수 있는 가능성을 품고 있다. 그 글들은 내가 일하고 있지 않은 시간에도 나 대신 부지런히 일을 한다.

눈이 보이지 않는 변호사 오고다 마코토는 말한다. 보이지 않는 만큼 자신은 다양한 각도에서 사람들을 입체적으로 파악할 수 있게 되었다고. 호흡, 목소리, 말투, 체취, 발소리 등 이 모든 요소가 그에게는 상대방의 감정을 파악하는 단서다. 그는 때때로 보이지 않는다는 불리한 조건을 무기로 삼기도 한다. 시각장애인 변호사가 땀 흘리며 최선을 다해 변호하는 모습이 포기하려던 의뢰인의 마음을 긍정적인 방향으로 바꾸기도 하는 것이다.

책에 털어놓은 그의 말들은 모두 나에게도 해당되는 이야기다. 그가 말하는 것처럼 장애를 가지고 사는 일은 결코 쉬운 일이 아니다. 누군가에게 당연하고 쉬운 일이 나에게는 대체로 당연하지 않고 어렵기만 하다. 책에서 작가 오고다 마코토는 본인이 시각장애인이기 때문에 겪었던 부당하고 억울한 일들이 많았다고 토로한다. 하지만 그 덕분에 자신 또한 사회적 약자의 입장을 잘 헤아리는 사람이 될 수 있었다고도 덧붙인다. 나 역시 그런 어려움에 처했었고, 그 덕분에 섬세한 시선을 가질 수 있었다. 이는 돈을 주고 배울 수 있는 것도 아니고, 다른 방법으로 얻을 수 있는 자산도 아니다.

나는 하고 싶은 말이 많은 사람이다. 그렇지만 제대로 말할 수 없다는 핸디캡을 갖고 있어 심적으로도, 현실적으로도 넘어야 할 산이 많았다. 하나의 산을 넘으면 아찔하게 높은 또 하나의 산이 눈앞에 나타났고, 그래서 힘겹고도 위태롭게 쌓아 올린 자존감이 한 번에 와르르 무너져 내리기도 했다.

내가 글을 쓰기 시작한 계기는 내가 가진 절박함에 있다. 목소리 대신 내 말을 전할 수 있는 수단이 필요하다는, 내가 가진 강점과 진정성을 제대로 보여주고 싶다는, 주어진 운명을 이기고 싶다는 절박함. 그런데 시간이 지나고 보니 오고다 마코토의 말처럼 남들과 다른 경험을 했기 때문에 나는 오히려 방향을 잃은 사람의 마음을 더 민감하게 헤아릴 수 있게 되었다. 이는 돈을 주고 살 수 있는 감각이 아니다. 커뮤니티를 이끄는 총책임자로서 그리고 자기 발견 디렉터로서 이 감각은 무엇과도 바꿀 수 없는 자산으로 존재한다.

아프지 않은 약점은 자산이 된다

내가 만들고 운영 중인 자기 발견 프로그램은 지난 시간 동안 브런치에 쓴 글들에 기반을 두고 있다. 한 달 동안 참여자에게 공유하는 30개의 질문과 예시글은 모두 나를 재료로 삼아 만들었다. 아는 것을 상세히 글로 풀어내는 노력, 말하기가 어렵지만 사람들 앞에 나서서 이야기를 하는 용기는 전하고 싶은 메시지를 상대방이 기꺼이 받아들이게 만드는 나만의 소통 방식이자 무기다. '그럼에도 불구하고' 행동하는 것에 사람들은 다시 생각하고 자기 자신을 돌아본다.

마코토가 보이지 않아서 더 잘 보이는 것들이 있다고 믿었던 것처럼, 나 역시 분명 말할 수 없어서 더 잘 전달할 수 있는 말들이 있다고 믿는다.

"만약 아프지 않았다면 진선 님은 다른 일을 하고 있을까요?" 동료 Y의 질문에 잠시 생각한 후 나는 담담히 대답했다. "지금 하는 일을 훨씬 잘했을 것 같아요. 대외적인 측면에서. 내 일을 좋아하지만 사람들 앞에 나서지 못하니 답답할 때가 많거든요."

"저는 진선 님이 아팠기 때문에 사람들의 마음을 더 울리게 만드는 것 같아요. 그리고 한 사람에 대해 이토록 깊이 있는 질문을 할 수 있게 된 것도 그 때문이 아닐까 싶고요. 고난이 축복이라는 말이 있는데, 진선 님을 보면 진짜 그렇게 느껴져요."

내 핸디캡을 강점으로 해석하는 타인의 말이 낯설었지만, 운명을 이겨내려고 시도했던 시간들을 알아봐 주는 사람이 있구나 싶어 고마운 마음이 더 컸다. "…약점을 자산으로 활용하고 있는 거죠. 이렇게 되기까지 많이 힘들었지만. 사람들은 저마다 장애물과 약점이 있는데 그걸 오히려 성장의 발판으로 활용할 수 있거든요. 그 가능성을 꼭 전하고 싶어요."

"이렇게 극복하는 모습을 보여주면 사람들도 용기가 나겠죠."

"맞아요. 그래서 사명감이 생깁니다."

혹시 누군가가 책 한 권 읽어서, 글 한 편 써서 무엇이 달라질 수 있느냐고 묻는다면 지난 2년 동안 내가 경험한 변화들을 이야기해 주고 싶다. 내가 그 증거라고, 운명 따위 이길 수 있고 말이다.

내향적인 사람도
네트워크를 만들 수 있을까

"진선 씨, 너무 일만 하지 말고 자기 어필을 좀 해야 하지 않겠어?" 언젠가 함께 일하던 프로젝트 매니저가 말했다. 하고 있는 일에 비해 주목받지 못하고 그만한 대우도 받지 못하는 것 같아 걱정스러운 마음에 한 말일 것이다. 사내에서 능숙한 이미지 메이킹으로 자기 영역을 확실히 다지고 있는 디자이너를 예로 들며, 매니저는 자기를 포장하는 것도 중요한 능력이라고 말했다.

내가 나를 어필하는 일이 중요하다는 것은 여러 회사에서 다양한 프로젝트를 해오며 깨달은 사실이다. 때로는 실력보다 얽혀 있는 관계가 승진과 연봉에 더 큰 영향을 미친다는 것도 잘 안다. 팀의 리더가 세를 늘리기 위해 전 직장에서 같이 일했던 사람을 데려와 특혜를 주거나, 자신의 성향과 잘 맞는 싹싹

한 팀원에게 승진 기회를 먼저 주는 것은 어느 조직에서나 드물지 않게 볼 수 있는 현상이다.

　나도 한때는 수많은 사회 초년생이 착각하듯 열심히 하면 사람들이 알아줄 거라 생각했다. 하지만 조용히 제자리에서 맡은 일에 최선을 다하는 것만으로는 자칫 존재감 없는 사람으로 과소평가되거나 억울하게 뒤로 밀려나기 마련이다.

　사회 초년생 시절 입사 동기 중에는 퇴근 후 언제나 술 약속이 있는 친구가 있었다. 사람들과 어울리는 것을 좋아하는 그 친구는 여러 사람과 함께 있어야 에너지가 충전되는 진정한 외향인이었다. 말투와 표정, 적극적인 태도는 누구라도 그를 일 잘하는 사람으로 생각하게 만들었다. 그는 비슷한 시기에 입사했어도 어리숙한 초년생 티를 벗지 못하고 있는 나와 달리 노련한 경력자처럼 말하고 행동했다. 그는 몇 년 후 탁월한 인맥 관리와 면접 기술을 바탕으로 누구나 들으면 알 만한 회사로 이직해 커리어를 쌓아갔다.

　술이라면 근처에 가는 것도 싫어하고, 2~3명이 소수로 모여 조용히 이야기하는 걸 좋아한다. 어쩌다 모임이 있는 날이면 에너지가 방전되어 집에 들어가자마자 쓰러지듯 누워버리는 나는, 사실 그 친구가 부러웠다. 아니, 정확히는 불안했다. 어쩐지 뒤처지는 것만 같고 중요한 정보나 인맥에서 소외되는 것 같아 두려웠기 때문이다.

조용히 한발 뒤로 물러서 있길 좋아하는 내 성향은 조직이 요구하는 이상적인 인재상과는 거리가 있다. 외향적인 사람을 롤모델로 삼는 사람들 사이에서 나는 언제나 외향적으로 변화해야 한다는 압박을 느껴왔다. 인간관계를 넓히고 대외적으로 나를 드러내야 한다는 부담감에 시달렸다. '내향적인 사람은 실력 있는 전문가가 될 수 없는 걸까?' '세상에 존재하는 사람의 절반은 내향적인 사람이라는데, 외향적인 사람이 주로 롤모델이 되는 이유는 뭘까?' '인맥을 만들려면 반드시 많은 사람을 만나 많은 얘기하는 방법밖에 없는 걸까?' '내향적인 사람도 네트워크를 만들 수 있을까?'

한 움큼의 세월이 지나고 경력이 꽤나 쌓인 지금도 나는 여전히 내향적인 사람이다. 디자이너로 살아온 시간 내내 타고난 성향을 거스르지 않으면서 일하고 소통할 방법이 없을까 고민해 왔다. 그래서일까. 나는 좋아하는 일을 놓지 않고 지금까지 올 수 있었다.

화려하진 않지만 확신을 주는 사람

오랜 세월 내향성은 외향성의 반대 값으로 낙인 찍혀왔다. 외향성에서 무언가 빠져 있는 상태, 부족한 상태를 내향성으로 생각하는 것이다. 하지만 내향성은 외향성이 결핍된 상태를 의미하는 것이 아니다. 서로 에너지를 발산하는 방향이 다를 뿐 내향성은 외향성과 동등한 또 하나의 성향이다.

내향성은 다양한 오해들로 뒤덮여 있다. 대표적인 예로 수줍음이 있다. 수줍음과 내향성을 모두 가진 사람이 많기는 하지만 그 두 가지가 같은 것은 아니다. 내향인 중에 수줍음 없이 대인 관계가 자연스러운 사람이 있고 외향인 중에도 부끄러움이 많은 사람이 있다.

커뮤니케이션 전문가 도리스 메르틴Doris Martin은 이성과 감성 그리고 대인 관계에 대한 자신감 여부에 따라 내향인을 네 가지 유형(주도형, 섬세형, 비범형, 은둔형)으로 분류한다. '내향인 DNA 모델'이라 부르는 이 분류 방식은 한 사람이 하나의 유형에만 속한다고 말하지 않는다. 가장 강하게 두드러지는 대표 유형에 나머지 성향이 섞일 수도 있다.

내향성의 유형과 개인사가 어떤 방식으로 상호작용 하는가에 따라 전혀 다른 내향인이 만들어진다. 카리스마 있는 지도자, 자기 전공에 관해서만 빠삭한 괴짜 전문가, 지독하게 예민하지만 감성이 풍부한 예술가 등 내향인의 스펙트럼은 넓고 다양하다. 도리스 메르틴은《혼자가 편한 사람들》에서 외향인에 비해 더 두드러지게 나타나는 내향인의 장점들을 언급한다.

내향성의 네 가지 유형

내향인 DNA 모델

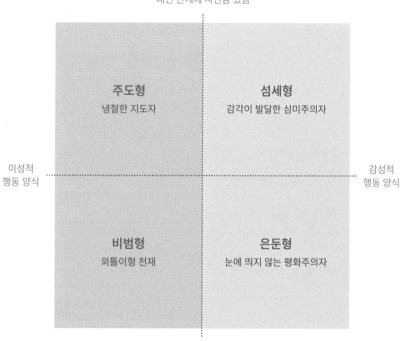

- 정확한 상황 분석력

- 사안에 심층적으로 접근하는 능력

- 남의 말에 사려 깊게 귀 기울이는 능력

- 갈등을 지양하는 성향

- 체계적으로 일을 처리하는 능력

- 세부적인 사항까지 파악하는 능력

- 손에 잡힐 만큼 확실한 결과물을 제시하는 능력

- 자주적으로 사고하고 행동하는 능력

- 위기를 기회로 전환시키는 능력

- 비밀 준수 능력

- 가진 능력 이상으로 자신을 포장하지 않는 겸손함

내향인은 자신의 타고난 성향을 성장의 기반으로 활용할 수 있다. 신중함, 진솔함, 자주성, 예리함은 화려하진 않지만 주변에게 '믿고 맡길 수 있는, 확신을 주는 사람'으로 기억하게 만드는 소중한 자질들이다.

내향성이 빛나는 '느슨한 네트워크'

언제부턴가 나는 좀 더 넓은 범위에서 중개자의

역할을 해보고 싶은 마음이 있었다. 중개자로서 두 가지 틈을 메우는 사람이 되면 좋겠다는 생각을 한다. 하나는 같은 분야에서 일하는 후배들이 스스로 성장할 수 있도록 유용한 정보를 나눠주는 것이고, 그다음은 디자이너가 아닌 사람들에게 디자이너의 관점으로 세상을 보는 방식을 전하는 것이다. 초보자와 숙련자, 디자이너와 디자이너가 아닌 사람, 이렇게 서로 다른 집합체 사이의 틈을 메우는 사람이 되는 것은 내가 지향하는 세 번째 정체성인 '영감을 주는 사람'의 구체적인 설명이다.

내향적인 사람인 내가, 넓은 인맥을 갖지 못한 내가, 앞에 나서서 말로 사람들의 이목을 사로잡지 못하는 내가 과연 영감을 주는 사람이 될 수 있을까? 나는 미처 말로 다하지 못하는 이야기를 글로 풀어보기로 했다.

온라인은 내향인의 대외적인 소통 창구가 될 수 있다. 생각이 정리되지 않은 상태에서 말하기를 어려워하는 내향인에게 온라인은 자기 속도에 맞게 다른 사람의 말에 끼어들지 않고도 생각을 표현할 수 있는 기회를 제공하는 열린 네트워크다.

온라인으로 글을 쓰기 시작하면서 소소하지만 유의미한 변화들이 주변에서 일어나고 있다. 글에 인용한 책을 사서 읽고 있다는 이야기, 얼마 전부터 독서모임에 참여하기 시작했다는 이야기, 글쓰기를 시작할 용기가 생겼다는 이야기를 듣는다. 알고 있는 글쓰기 강좌가 있는지 추천해 달라는 사람도 있었고, 생전 처음으로 블로그를 개설해 글쓰기를 시작했다며 링크를 보내준 사람도 있었다. 가장 기뻤던 피드백은 "평소에 자주 해주시던 말인데 글로 보니까 다시 한번 생각하게 되고 이해가 더 잘 됐어요. 고맙습니다"라는 동료의 말이었다.

얼마 전 나의 내향성을 걱정해줬던 프로젝트 매니저에게서 연락이 왔다. "요즘 쓰고 있는 글 잘 보고 있어. 회사 사람들이 자꾸 진선 씨 소식을 묻더라고. 드디어 스스로의 가치를 증명하는구나!" 어쩌면 글이란, 조용하지만 강하게 자신을 어필할 수 있는 가장 좋은 도구일지도 모른다.

뭉쳐야 넓어지는 세상

지금까지 디자이너로 일해 온 세월을 한 문장으로 정리하면, '다른 사람의 것을 대신 만들어 줬다'라고 할 수 있다. 이처럼 내 것이 아닌 재료로 만드는 상업적인 디자인, 팔기 위한 디자인을 해온 사람이라면 분명 어느 시점부터 '내 것을 디자인하고 싶다'는 생각이 들었을 것이다. 한번쯤 자신의 이름을 걸고 자신이 지향하는 가치를 담은 무언가를 의지대로 만들어 보고 싶은 마음은 디자이너에게는 자연스러운 욕망이다.

'무엇을 디자인할 것인가?' 오랜 시간 생각해 왔다. 유통기한 없이 하고 싶을 일을 지속하려면 어떻게 해야 할까. 더 널리 더 많은 사람에게 영향력을 미치려면 나는 무엇을 어떻게 해야 하는 것일까. 2019년에 결심한 건 '나를 디자인하자'였다. 그래서 브런치에 채널을 만들고 대외적으로 드러낼 내 모습을 골라 글을 쓰기 시작했다.

이때 혼자 글쓰는 것이 어려워 함께 쓸 수 있는 사람들을 찾아 커뮤니티에 들어갔다. 글을 쓸 수밖에 없는 환경을 설정하고, 나를 강제하며 결심을 실행한 일은 전에 없던 인상적인 경험이었다. 이는 '혼자 잘하기'를 넘어 '함께 잘하기'로 사고를 확장해 나가는 계기가 되었다. 더불어 커뮤니티의 힘이란 무엇인지 조금씩 배워가는 과정이기도 했다.

모이면 생겨나는 잠재된 힘

독서 모임을 통해 읽은 책 《친구의 친구*Friend of a friend*》는 한층 더 강하게 나를 추동했다. 디자이너가 만든 세계적인 커뮤니티 '크리에이티브모닝스' 사례를 보는 순간에는 심장이 너무 빨리 뛰어서 잠시 책을 덮기도 했다.

'내가 만들고 싶은 게 이런 모임이었나?' 당장 무엇을 어떻게 해야 할지 알지는 못했지만, 내가 살면서 반드시 해내야 할 과업이 이런 것이라는 생각이 들었다. 그런데 놀랍게도 멀지 않은 시점에 좋은 동료들을 만나 실제로 꿈꾸던 커뮤니티를 만들 기회를 얻게 되었다.

무언가 만드는 것을 좋아하는 사람들, 스스로 자신의 성장을 책임지는 사람들, 함께할 때 더 큰 성과를 낸다는 사실을 아는 사람들, 그리고 나의 장점을 알아봐 주고 칭찬과 격려를 아끼지 않는 사람들. 이런 사람들과 함께하게 된 순간 나는 삶의 전환점을 맞이했다. 나는 진정 운이 좋은 사람이다.

커뮤니티 '한달어스'는 믿을 만한 동료와 함께 가볍게 시작한 조그만 모임이었다. 그런데 기수가 진행될 때마다 생각보다 많은 사람이 동참하면서 믿기지 않을 정도로 크게 성장했다. 커뮤니티의 멤버들과 공유하고 있는 가치는 쉽고 재미있게, 지속적으로 함께, 실질적으로 성장하는 데에 있다.

커뮤니티의 원칙은 쉽고 단순하다. 30일 동안 매일 온라인에 글을 쓰고 인증하는 것. 글의 주제나 분량에 제한은 없다. 그저 쓰는 행위, 글로 매일 나를 드러내는 행위가 제일 중요하다.

커뮤니티는 결국 사람이다. 내향적인 성향의 사람이나 조금 뒤처지는 사람들이 소외되지 않도록 심리적 부분, 즉 마음까지 살필 수 있어야 한다. 나는 그래서 커뮤니티를 만들어야겠다고 다짐했다. 이미 함께 하고 있는 사람들과 더불어 앞으로 함께하게 될 사람들에게 선한 영향을 미치고 싶다. 나를 만난 그들이 운이 좋았다고 느낄 수 있도록 나를 디자인하고, 프로그램을 디자인하고, 커뮤니티를 디자인해 나가고 싶다. 혼자서는 어렵지만 함께라면 할 수 있다.

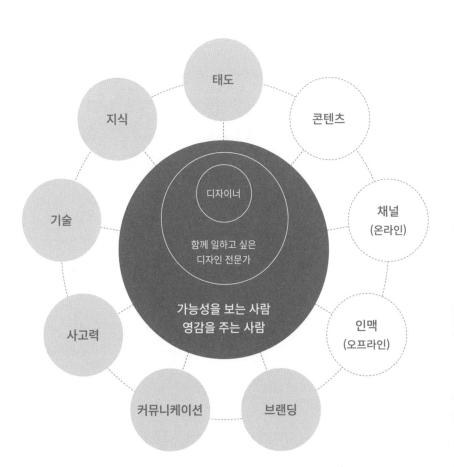

태도

콘텐츠

지식

채널
(온라인)

기술

디자이너

함께 일하고 싶은
디자인 전문가

인맥
(오프라인)

가능성을 보는 사람
영감을 주는 사람

사고력

커뮤니케이션

브랜딩

보이지 않는 것을 디자인합니다

나는 지금까지 웹, 앱, 온라인 프로모션 디자인을 해왔다. 그런데 이제는 내가 가치 있다고 생각하는 것을 내 의지대로 만들어 필요한 사람들에게 제공하는 디자인을 한다. 눈에 보이지 않고 손에 잡히지 않는 사람의 가능성, 콘텐츠, 커뮤니티도 디자인의 대상이 될 수 있다. 그리고 내가 그 일을 할 수 있는 능력과 가능성을 품고 있다는 것을 알게 됐다. 디자인의 대상에는 한계가 없다.

단지 예쁘고 편한 것을 만드는 디자이너, 특정 조직에 의존해 불확실한 앞날을 두려워하는 디자이너에서 벗어나고 싶다. 스스로 콘텐츠를 생산하는 사람으로서 은퇴 없이 다방면으로 활동하는 디자이너의 삶을 살고 싶다.

나는 지난 1년 동안 글쓰기가 어떻게 디자이너의 무기가 될 수 있는지를 배웠다. 내향적인 성향에 내세울 스펙 하나 없는 평범한 디자이너가 사수 없이도 스스로를 키울 수 있다는 사실을 알게 됐다.

더 많은 디자이너가 자신의 경험을 재료 삼아 글을 쓰기를 바란다. 자기 생각과 가치를 스스로 증명할 수 있기를 바란다. 서비스 분석이나 해외 기사 번역도 좋지만 더 넓고 다양한 주제와 분야의 글을 썼으면 좋겠다. 감성과 이성을 겸비한 디자이너들이 글을 쓰기 시작한다면 세상의 콘텐츠들이 얼마나 풍부해질지 상상하기도 어렵다. 나는 그런 마음을 담아 커뮤니티를 만들었고, 더욱 넓어지도록 운영하고 있으며, 부지런히 글을 쓰고 있다.

혼자만 잘하면 무슨 재민가

"언제까지 디자인을 할 생각인가요?"

처음 이 질문을 받았을 때는 '언제까지'라는 말이 무슨 의미인지 선뜻 이해되지 않았다. 단 한 번도 디자이너가 아닌 나를 상상해 본 적이 없어서였을까. 나이가 들수록 여러 사람에게서 위와 같은 질문을 받았고, 이제는 이 질문에 숨은 진짜 의도가 무엇인지 알고 있다.

"디자인을 평생 할 건 아니잖아. 언제 그만둘 거야?"라는 질문에는 일에 대한 고단함이 묻어 있다. 또한 조직으로부터 버림받으면 디자인 일을 더 하고 싶어도 어쩔 수 없이 그만 둬야 한다는 불안이 묻어 있기도 하다. 비슷한 시기에 디자인을 시작한 친구들이 모이면 언제나 "앞으로 뭐해 먹고살지?"가 화두로 올라온다. 실제로 직종을 바꾸거나, 조그만 가게를 열어 디자이너로서의 일을 그만둔 사람들을 자주 목격했다. 정신없이 앞만 보며 달려오다가 지금에 와서 돌이켜 보니, 나 역시 같은 질문을 나 자신에게 던지고 있다는 사실을 깨달았다.

혼자 만들 수 없는 실력

'나는 40대에도, 50대에도 디자이너로 일할 수 있을까?' '지금까지 한 번이라도 현장에서 일하는 50대, 60대 선배를 본 적이 있던가?' '자기 사업을 하거나, 잘 나가는 회사의 임원급으로 올라가는 것이 아니라면 과연 가능한 일일까?'

앞서 나온 드라이퍼스 5단계 모델을 처음 접했을 때, 전문성의 수준을 측정하는 척도가 존재한다는 사실을 알고 큰 깨달음을 얻었다. 하지만 한편으로는 가장 높은 단계인 전문가가 고작 5%도 되지 않는다는 사실에 놀라기도 했다.

드라이퍼스 모델이 말하는 요점은 하나다. 오래 일한다고 해서 전문성이 높아지는 것이 아니며, 다음 단계로 도약하기 위해서는 반드시 역량에 필요한 의식적 노력을 기울여야 한다는 것이다. 그런데 유독 눈에 띄는 부분이 있었다. 다른 구간보다 숙련자에서 전문가로 넘어가는 구간의 비율이 급격히 감소하는 것이었다. 난 그 이유가 궁금했다.

런던 소프트웨어 장인 협회LSCC를 설립한 개발자 산드로 만쿠소Sandro Mancuso의 말에 의하면 마스터 단계까지 올라간 전문가는 혼자 잘하는 사람이 아닌 함께 잘하는 사람이었다. 자신이 속한 분야에서 영향력을 갖고 있으며, 후배들을 자신보다 더 나은 사람으로 만드는 것을 의무이자 소명으로 생각하는 사람이기도 하다. 더불어 사람 자체가 바로 지식의 근원이기 때문에 그의 말은 다른 사람들에게 좋은 참고 자료가 된다.

기술을 배우고, 연습하고, 실행하다 보면 실력을 향상할 수 있다. 그러나 실력은 어느 정도 수준까지 올라가면 경쟁자들끼리의 차이가 미미해진다. 한 사람이 이룰 수 있는 성과에는 한계가 있기 때문이다. 혼자서만 잘하는 사람은 4단계인 숙련자까지 올라가더라도 그 이상으로 도약하기는 어렵다. 자기가 이룬 내적 성취에만 머물러 있다면 나이를 먹어감에 따라 이룰 수 있는 성과의 한계를 느끼는 시점이 반드시 온다.

함께 잘하는 사람인 전문가가 된다는 것은 개인적인 현상이라기보다 집단적인 현상이라고 보는 게 맞다. 그 사람이 전문가인지 여부를 가늠하기 위해서는 단지 성과만 확인해서는 안 된다. 전문가가 속한 공동체에 어떤 기여를 했는지, 그리고 공동체가 어떻게 반응하는지 함께 살펴봐야 한다. 전문가는 자신을 뛰어넘어 주변에게까지 좋은 영향을 미칠 수 있어야 하기 때문이다. 숙련자와 전문가를 구분하는 가장 중요한 조건인 영향력은 오직 네트워크를 통해서만 얻을 수 있다.

공동체로부터 받는 보상, 성공

만일 전문가가 자신이 속해 있는 공동체에 영향을 미치는 사람이라고 한다면, 분야마다 전문가가 극소수만 존재하는 이유를 알 것도 같다. 세상에는 실력과 재능이 있어도 제대로 인정받지 못하고 무명으로 조용히 사라지는 사람들이 너무나 많다. 또한 대외적인 소통을 부담스러워하며 나만 잘하면 된다고 생각하는 실력자도 얼마든지 있다.

나는 성공이 아닌 성장을 지향하는 사람이며, 동시에 지극히 내향적인 사람이다. 하지만 다음 단계로 도약하는 데 필요한 것이 '나를 드러내는 것'이라면 적어도 한 번은 시도해 봐야겠다는 생각이 들었다. 최근 몇 년 사이에 앞으로 내가 '영감을 주는 사람'이 되어야겠다고 마음먹은 것은 이러한 맥락 위에 있다.

복잡계 이론을 창시한 세계적인 과학자 알버트 바라바시Albert Barabasi는 성취와 성공을 구분해서 설명한다. 성취는 개인적이면서도 내적인 차원의 경험이라면, 성공은 대외적으로 영향을 미치는 집단적인 차원의 경험이라는 것이다. 그의 말처럼 놓고 봤을 때 숙련자 레벨에서 얻는 것이 성취라면, 전문가 레벨에서 얻는 것은 성공일 수 있겠다고 생각했다.

성공이란 내가 속한 공동체로부터 읻는 '보상'이다. 흔히 돈이나 명예를 떠올리지만 보상에는 단지 그것만 있는 것이 아니다. 어떤 분야에 속해 있는지, 그리고 어떤 개인적 성향을 갖고 있는지에 따라 저마다 조금씩 다르게 성공을 정의할 수 있을 것이다.

예술가라면 명성이, 사업을 한다면 매출이, 금융가라면 수익이, 과학자라면 논문 인용 횟수가 그들이 해온 일의 보상이 될 수 있다. 그렇다면 나는 어떤 보상을 받고 싶어 전문가 단계로 올라서고자 하는 것일까?

나는 내가 아는 것을 많은 사람과 나누고 싶다. 그리고 디자이너로서 정체성을 잃지 않고 오래오래 일하고 싶다. 언제까지 할 수 있을지 걱정하지 않고 일에 집중하는 삶이 내가 얻고 싶은 보상이다.

어떻게 나를 드러낼 것인가

영감을 주는 사람이 되려면 어떤 요소들을 갖춰야 할까? 나는 '콘텐츠, 채널, 인맥'이라고 생각한다. 우리가 살고 있는 지금 사회에서, 네트워크는 두 가지로 나뉜다. 온라인 네트워크(채널)와 오프라인 네트워크(인맥)다. 앞서 쓴 글에서 말한 것처럼 나는 사람들 앞에서 나를 드러내는 것을 몹시 어색해하는 사람이다. 언제나 조직 안에서 나는 한발 뒤로 물러나 있기를 선택했고, 한때는 주어진 자리에서 내 일만 잘하면 된다고 생각했다. 이런 성향인 내가 네트워크를 활용하고자 마음먹었을 때는, 온라인 네트워크 말고는 달리 선택의 여지가 없었다.

온라인 네트워크를 통해 나를 드러내는 것은 어떻게 가능할까? 구체적인 방법을 구상하기 위해 여러 가지 질문을 떠올리고 스스로 답을 했다.

- 어떤 플랫폼(온라인 네트워크)을 선택할 것인가?

- 어떤 형태의 콘텐츠를 생산할 것인가?

- 내가 이미 가진 강점과 경험은 무엇인가?

- 누구에게 말할 것인가?

- 나의 독자가 듣고 싶어 하는 말은 무엇인가?

- 나는 어떤 사람으로 보이고 싶은가?

- 어느 정도의 시간과 에너지를 투자할 것인가?

- 이를 통해 결국 무엇을 얻고 싶은가?

내가 처한 상황과 주어진 조건, 그리고 갖추고 있는 재료들을 감안해 정한 방법은 결국 브런치(채널)에 글(콘텐츠)을 쓰는 것이었다. 만일 이것을 내가 '잘' 해낼 수 있다면 자연스럽게 세 번째 요소인 오프라인 네트워크(인맥)도 자연스레 따라오지 않을까 싶었다.

나에게 맞는 창구를 찾는 것

'요즘 사람들은 긴 글을 읽지 않는다.' '출퇴근 시간에 잠깐씩 짬을 내서 볼 수 있는 토막글이 대세다.' '디지털 시대에 사람들의 집중력은 점차 저하되고 있다.' 여기저기서 흔히 하는 말이다. 그렇지만 나는 제대로 된 양질의 콘텐츠를 만나고 싶은 갈망이, 사람들의 마음속에서 사라졌다고 생각하지 않는다. 같은 사람도 어느 플랫폼에서 콘텐츠를 마주치느냐에 따라 행태가 달라지는 것은 아닐까? 하루에도 수십 개씩 빠른 속도로 정보 조각들이 떠내려가는 타임라인 위에서 콘텐츠에 집중하기를 바라는 것 자체가 무리인 것은 아닐까?

사람과 사람 사이의 연결에 초점을 맞추고 있는 SNS 플랫폼에는, 개인의 사적인 일상부터 언론사의 뉴스 기사와 어제 방송한 예능 프로그램 하이라이트 영상이 뒤섞여 있다. 이들은 우선순위 없이 이유를 알 수 없는 비중을 차지하며 떠다닌다. 어쩌면 사람들이 집중을 못 하는 게 아니라, 집중할 정도로 신뢰를 구축한 플랫폼이 없었던 것인지도 모른다.

글쓰기는 정말 어렵고 힘든 일이다. 오래 지속하지 못하는 사람이 태반이며 나 역시 시도하고 포기하기를 여러 번 반복했다. 그런데 어떤 일을 할 때 '너무 어렵다'라는 생각이 든다면 그 일은 충분히 해볼 만한 가치가 있는 것인지도 모른다. 다른 사람에게도 어려운 건 마찬가지이기 때문이다. 만약 내가 이 일을 해낼 수만 있다면, 그 일이 가진 어려움은 사람들에게 쉽게 흉내 낼 수 없는 진입 장벽의 역할을 한다.

내가 선택한 플랫폼의 방향성을 이해하고 그에 걸맞은 검증된 작가가 되는 것, 느리더라도 자기다움을 지니고 꾸준히 양질의 글을 올리는 사람이 되는 것, 이것이 나의 1차 목표다. 부단히 생산성을 유지하다 보면 플랫폼이 가진 다양한 홍보 네트워크에 몸을 실을 수 있을지도 모른다. 언제든 예상치 못한 기회들이 나에게 손 내밀지도 모른다.

앞서 만난 알버트 바라바시가 마지막에 와서 일러준 말은 부단히 노력하면 성공은 언제든 찾아올 가능성이 있다는 것이다. 나이를 먹을수록 창의력도 함께 시들해진다는 통념은 틀렸다. 젊은 시절에만 반짝이는 아이디어를 발휘하는 것처럼 보이는 까닭은 단지 그 시절에 더 많은 시도를 하기 때문이다. 그의 말마따나 '노땅'이라 한물갔다고 지레짐작할 필요는 없다. 데이터가 증명한다. 창의력에는 나이가 없다고.

모든 사람이 슈퍼스타가 될 수는 없다. 또한 화려한 스포트라이트가 누구에게나 성공으로 여겨지는 것은 아니다. 소박하지만 부단히 생산성을 유지하는 사람 역시 누구보다 성공한 삶을 사는 것이라고 나는 생각한다.

언제까지 사람들을 위한 디자인을 할 수 있을까? 글쎄. 더 이상 유통기한에 대한 생각은 하지 않기로 했다. 때로는 네트워크에서 소외되고, 때로는 네트워크에 포용되면서 살아가기로, 부단한 노력으로 부족한 삶을 채워나가기로 마음먹었으니까.

무엇부터 써야 할지 모르겠다면

최근 몇 년 사이에 글 쓰는 전문가들이 많아지는 걸 보면서 차별성에 대한 고민을 정말 많이 했다. 디자이너라는 정체성 하나만으로 글을 쓰기에는 내가 많이 부족하다고 느꼈기 때문이다. 부족한 점을 보완하기 위해 참고하려고 나와 비슷한 분야에 종사하는 작가들을 찾아보았다. 트렌드나 실무에서 요긴하게 활용할 수 있는, 전문적인 정보 중심의 글을 쓰는 사람들이 많았다. 나는 탄탄한 이론을 바탕으로 디자인을 하거나, 디자인 방법론에 능란하거나, 최신 툴을 엄청 잘 다루는 사람이 아니다. 현장에서 구르면서 몸으로 실무를 배운 사람이고, 이론보단 사고로 상황을 헤쳐 온 유형이라 배웠으면 배웠지 알려줄 짬밥은 아니라고 생각했다. 그래서 이미 여러 사람들이 가고 있는 방향이 아닌 다른 방향으로 가야 한다고 판단했다.

    나는 누군가와 비교 대상이 되지 않는, 또한 타인과 경쟁하지 않는 나만의 글쓰기를 하고 싶었다. 다시 말해 이진선이라는 이름 그 자체로 브랜드가 되는 퍼스널 브랜딩을 구현하고 싶었다. 이는 내 안에 있는 몇 가지의 다른 정체성들을 혼합하는 일을 통해 가능하지 않을까 생각했다. 그래서 대외적으로 드러내고 싶은 모습들을 나열해 봤다.

- 디자이너는 많지만 다독하는 디자이너는 많지 않다.
- 디자이너는 많지만 글쓰는 디자이너는 많지 않다.
- 책 읽는 사람은 많지만 이미지(그림)를 활용할 수 있는 사람은 많지 않다.
- 책 읽는 사람은 많지만 실제 삶에 적용하는 사람은 많지 않다.
- 테마 중심의 책 읽기를 하는 사람이 생각보다 많지 않다.
- 자기 일을 진심으로 사랑하는 사람이 많지 않다.
- 나는 특정 주제를 파고들어 구체화하는 과정을 좋아한다.
- 나는 데이터와 생각을 정리하는 걸 좋아한다.
- 나는 아는 것을 알려주는 걸 좋아한다.
- 배우고 성장하기를 좋아한다.

    디자이너라는 키워드가 아니라, '디자이너 × 한 가지 주제를 파고드는 성향 × 책 읽는 사람 × 진지하게 쓰는 사람 ×

전문성 × 사고력' 등 여러 가지 키워드를 혼합하면 세상에 하나뿐인 유일한 캐릭터가 되지 않을까 싶었다. 오직 '나'이기 때문에 쓸 수 있는 글은, 다면적인 정체성을 어떻게 조합하고 연출하느냐에 달려 있는 것이 아닐까?

더불어 다른 사람과 결코 중복되지 않는, 오로지 나만이 가지고 있는 경험들을 자원으로 활용해야 한다는 생각을 하게 됐다. 글을 쓰기 시작한 이후 지난 몇 개월간 브랜딩을 공부하면서 스토리텔링의 중요성을 새삼 알게 됐기 때문이다.

나를 꾸미는 세 가지 자산

퍼스널 브랜딩을 구현하기 위해서는 세 가지가 필요하다. 바로 지식 자산, 감성 자산 그리고 고객 자산이다. 디자인 실력과 책을 읽고 쓰는 능력은 지식 자산에 속한다. 지식 자산만을 가지고 쓴 글은 이성적이면서 전문적이지만 동시에 건조하면서 딱딱하다. 나는 사람들의 공감을 받을 수 있는 따뜻한 글을 쓰고 싶다. 사람들의 가슴속으로 파고들어 '나'라는 작가를 알고 싶다고 생각하게 만들기 위해서는 내 성향과 삶의 태도가 드러나는 지극히 개인적인 경험, 즉 '감성 자산'을 활용함으로써 가능할 것이라고 판단했다. 지식 자산과 감성 자산을 모두 활용하는 가장 좋은 방법은 내 이야기에 주제를 담아 전하는 것이다.

그래서 나는 용기를 내보기로 했다. 숨기고 싶은 내 약점과 핸디캡까지도 자원으로 활용할 수 있다면 그 누구와도 겹치지 않는 나만의 이야기, 스토리텔링이 가능해질 것이기 때문이다. 이 생각 덕분에 나는 발성장애이면서 동시에 지극히 내향적인 성향인 내 모습을, 숨기지 않고 건강한 방법으로 사람들 앞에 풀어낼 수 있었다.

자기 자신을 마주하고 인정하고 글을 써 밖으로 꺼내는 이 일련의 과정은 그 자체로 사람들에게 용기를 준다. 사람들은 내 이야기를 통해 나를 알게 되고, 용기에 손뼉 쳐주고, 결국 사랑하게 된다. 글을 통해 나는 많은 기회와 연결되고 있으며 또한 과분한 사랑과 응원을 받고 있다.

온라인으로 공개적인 글쓰기를 한다는 것은 단지 자기만족 또는 자기 위안을 위한 것이 아니다. 또한 글쓰기 실력을 향상하는 것만을 목적으로 하지도 않는다. '세상에 나를 드러내는 테마가 있는 글쓰기'는 내 이름 자체가 브랜드가 되는 것을 지향한다. 자신의 성향과 강점을 발굴하고, 나를 알리고, 네트워크를 생성하고, 새로운 기회와 연결되어 미래의 내 실질적 자산 가치를 확장한다. 이것은 자기 발견의 궁극적인 목표이자 방향성이 된다.

내 일과 관련된 것 쓰기

커리어를 위한 글쓰기를 하고 싶다면, 하나의 글이 아니라 채널 단위로 접근하는 태도를 갖는 것이 중요하다. 즉, 채널을 의지대로 디자인할 수 있는 대상으로 보는 것이다. 채널을 만들자마자 바로 '뭐부터 쓰지?'를 생각하는 게 아니라, 채널의 방향성을 먼저 고민하고 나서 거기에 맞는 글쓰기를 시작하는 편이 훨씬 효율적이다.

앞서 말한 것처럼 디자이너가 디자인을 할 때는 최종 결과물을 확정하고 시작하지 않는다. 하지만 그렇다고 해서 무턱대고 막무가내로 시작하는 것도 아니다. 비록 거칠고 다듬어지지 않았어도 나름의 큰 방향(테마)을 가지고 시작한다. 그 안에서 다양한 시도를 하고, 아이디어의 발산과 수렴을 반복하고, 중간 생각의 경계선을 긋고, 작은 의사결정을 하나씩 해나가면서 구체화시킨 뒤, 결국 눈에 보이도록 실체화하는 것이다.

'이진선'이라는 사례를 들어 얘기해 보자. 채널 만들기는 자연인 이진선이 디자이너 이진선에게 의뢰한 최초의 사이드 프로젝트이기도 했다.

다음은 자연인 이진선의 의뢰 내용이다.

"저는 내향적인 사람입니다. 하지만 대외적으로 사람들과 소통을 하고 싶어요. 내가 아는 것, 내가 경험한 것, 내가 성장하는 과정을 사람들에게 전하고 싶거든요. 실질적으로 사람들에게 긍정적인 영향을 미치고, 그에 대한 피드백을 받고 싶습니다. 그러니까 뭐라도 어떻게 좀 해주세요. 디자이너님."

의뢰를 받은 디자이너 이진선은 방향성을 정하기 위해 두 가지 질문을 던졌다.

질문 1. 누구를 대상으로 어떤 말을 하고 싶은가요?

(= 내가 줄 수 있는 것)

질문 2. 당신은 어떤 사람으로 보이고 싶은 가요?

(= 내가 얻고 싶은 것)

이는 주어진 조건과 재료를 파악하도록 도와주는 기본적인 질문이다.

답변 1.
자기 일을 잘하고 싶지만 확신이 없는 평범한 99%의 디자이너와 직장인들을 위해 제가 아는 것을 나눠주고 싶어요. 저는 비록 대단한 사

람은 아니지만 제가 하는 일을 좋아하고요, 나름의 자부심도 있어요. 책 읽는 걸 좋아하고, 일을 잘하고 싶어서 배운 것들도 많거든요. 먼 나라, 뜬구름 얘기 말고 실질적이면서 가깝게 느껴지는 얘기를 하고 싶어요. 누군가를 가르친다기보단 스스로 답을 찾을 수 있게 생각의 물꼬를 터주는 역할을 할 수 있다면 좋을 것 같아요.

답변 2.
저는 내향적인 사람이라 누구 앞에 나서거나 저 자신을 포장하는 걸 못해요. 말을 잘하는 것도 아니고요. 내 자리에서 내 일만 잘하면 되지 라고 생각했던 때도 있었거든요. 그런데 최근 몇 년 사이에 진정한 전 문가는 혼자 잘하는 것이 아니라 함께 잘하는 사람이라는 내용을 여러 책에서 반복해서 보게 되었어요. 진짜 전문가는 영향력을 갖고 있고, 후배들을 나보다 더 잘하는 사람으로 만드는 것을 의무이자 소명으로 생각한다고요. 저는 진짜 전문가가 되고 싶어요.

두 가지 질문에 대해 답을 하다 보니 채널이 나아가야 할 대강의 방향성이 보였고, 이를 바탕으로 프로젝트 이름을 '내향 적인 디자이너 이진선의 대외적인 소통 창구 만들기'로 정할 수 있었다. 더불어 어떤 내용을 어떤 분위기와 어떤 문투로 쓸 것 인지 어렴풋하게 떠올릴 수 있었다.

나만 쓸 수 있는 '글감 목록'

다음으로 이어서 한 일은 '내가 할 수 있는 이야기'가 무엇인지 파악해 본 것이다. 바로 글감 재료 목록을 만든 것인데, 이는 곧 내 안에 어떤 재료들이 들어 있는지 눈에 보이도록 밖으로 꺼내는 작업을 말한다. 자연인 이진선이 말한 '답변 1'에 대해 더 집요하게 파고들기 시작한 것이라고 볼 수 있다.

목록을 채우는 항목들은 문장일 수도 있고, 단어일 수도 있다. 뭐든 상관없다. 일단 한계가 올 때까지 머릿속에 있는 것들을 다 끄집어낸다. 그렇다면 몇 개까지 써내려 가야 할까? 50개? 100개? 300개? 수를 센다는 것에 의미가 있는지 모르겠다. 왜냐하면 목록을 만드는 것은 한 번으로 끝내는 것이 아니라 오랜 시간에 걸쳐 같은 질문을 반복하면서 만들어야 하기 때문이다.

재료가 어느 정도 모이면 정리를 할 필요가 있다. 아마 항목들이 중복되는 것도 있고, 비슷한 카테고리에 들어가는 것도 있을 것이다. 시간이 흐르다 보면 내가 생각하고 떠올리는 것들이 몇 개의 큰 덩어리를 이룬다는 것을 알 수 있다. 그 덩어리 하나하나가 나의 테마가 된다.

큰 덩어리 안에서 다시 분류를 한다. 나는 책을 위한 목차를 만든다고 생각하면서 정리했다. 낱개의 항목들을 묶는 소제목을 짓기도 하고, 작은 그룹들의 순서를 바꾸면서 전체 흐름을 구성해 보기도 했다. 목차형 목록은 테마를 풀어가는 지도 역할을 한다. 책을 좋아하는 사람이라면 잘 만든 목차가 책을 이해하는 데 얼마나 중요한 역할을 하는지 알 것이다.

글감 목록은 유동적이다. 언제든지 새로운 생각이 추가될 수 있고, 소제목이 바뀔 수도 있고, 새로운 그룹이 추가될 수도 있다. 내가 성장하면 그만큼 목차도 정교해진다. 한 번에 잘 다듬어진 완벽한 테마가 만들어지는 것이 아니기 때문에 여유를 가지고 생각이 떠오를 때마다 목록에 항목을 추가한다. 현재 내가 쓰고 있는 글 하나하나는 그렇게 모아놓은 글감 목록을 밑바탕에 깔고 있다. 글쓰기가 힘들어서 도망가고 싶을 때 나를 키보드 앞에 끌고 와 앉혀 주고 북돋는 존재가 바로 이 리스트다.

누군가 뭐부터 해야 할지 모르겠다고 할 때면 내가 늘 하는 말이 있다. "머릿속으로만 생각하지 말고 눈에 보이게 목록을 만들어 봐!" 이때 대다수의 사람들은 너무 빤한 얘기 하지 말라는 표정을 지으며 알았다고 말하고선 안 하거나, 해봤다고 하기엔 너무 빈약한 목록만 만들고 잊어버린다. 아마도 생각을 시작하는 방법을 모르기 때문이 아닐까 추측하고 있다. 만일 본인이 이에 해당된다면 내가 나에게 던진 두 가지 질문을 활용해 보기를 권하고 싶다.

"누구를 대상으로 어떤 말을 하고 싶은가요?"

"당신은 어떤 사람으로 보이고 싶은가요?"

막연하고 모호해도 불안해하지 않기를 바란다. 나도, 저 사람도 그리고 저기 있는 사람도 모두 같은 마음으로 매일을 살고 있으니까. 그저 매일 조금씩 모호함을 줄여가며 앞으로 나아갈 뿐이니까 말이다.

노력해도 늘지 않을 때

가끔 나에게 사람들은 언제부터 글을 썼기에 구독자를 이만큼 모았느냐고 묻는다. 그런 질문을 받을 때면 쑥스러워서 미처 대답을 제대로 하지 못하지만, 실은 글쓰기를 시작하려는 사람들에게 전하고 싶은 중요한 말이 있다. 그것은 바로 글을 쓴 기간이나 글의 개수는 구독자 수와 상관관계가 깊지 않다는 것이다.

글을 오래 썼다고 해서(시간의 양), 글의 수가 많다고 해서(산출물의 양) 구독자가 당연히 많을 거라 생각해서는 안 된다. 물론 우리는 시간과 산출물의 양이 구독자 수와 비례하는 것처럼 보이는 경우를 자주 목격한다. 하지만 그 두 개의 숫자가 '반드시' 비례하지는 않는다.

이는 일반적인 생각과 다르지만 중요한 사실이다. 이 사실을 알고 글을 쓰는 사람과 모르고 글을 쓰는 사람의 격차는 시간이 흐를수록 점점 벌어지기 때문이다. 조금만 주의 깊게 살펴보면 글쓰기를 시작한 지 얼마 되지 않았는데도, 글의 수가 몇 개 되지 않았는데도 놀랄 만큼 많은 수의 구독자를 가지고 있는 작가들을 찾아볼 수 있다. 반면에 1년, 2년 꾸준히 글을 써왔지만, 100개가 넘는 글을 축적했지만 구독자 수가 놀랄 만큼 적은 작가들도 얼마든지 찾아볼 수 있다.

이런 현상을 어떻게 설명할 수 있을까? 그저 운 때문인 걸까? 아니면 필력의 차이 때문일까? 그것도 아니면 인지도의 문제일까? 나는 그 이유가 궁금했다.

무턱대고 쓰지 않는다

사람들은 흔히 무조건 많이 쓰다 보면 어떻게든 된다고 말한다. 우리에게 너무나 익숙한 양질 전환의 법칙을 예로 들면서 말이다. 나 역시 양이 질로 전환된다는 말에 동의한다. 하지만 양질 전환의 법칙을 어떻게 해석하느냐에 따라 무작정 많이 하면 된다는 조언이 불편하게 들릴 수도 있다는 점을 말하고 싶다.

이렇게 이야기하는 데에는 두 가지 이유가 있다. 하나는

'무조건 많이'라는 말이 무언가를 잘하게 만드는 구체적인 방법을 모를 때 상황을 넘기기 위한 쉬운 대답으로 활용된다는 점이다. 정확한 피드백을 주는 방법을 모르는 미숙한 사수들이 종종 하는 말들이 이런 경우다.

다른 하나는 '무조건 많이' 하면 내 노력이 향하는 곳이 어딘지 모르고 가기 때문에, 굳이 거치지 않아도 될 불필요한 실패를 거듭 경험하게 된다는 것이다. 무언가를 잘하기 위해, 실패는 반드시 거쳐야 하는 관문이다. 하지만 실패 중에서도 더 좋은 자양분으로 활용할 수 있는 실패가 있다고 한다면 어떨까? 방향성이 없는 실패는 자칫 열정을 헛된 쪽으로 소비하게 한다. 또한 더 나은 쪽에 쏟아야 할 에너지를 분산시켜 힘을 낭비하게 만든다.

디자이너라는 직업적 특성 때문이겠지만 나는 뭔가를 시작할 때 관련 자료를 엄청 많이 찾아본다. 그런데 참고할 거리를 찾아보는 일, 일명 벤치마킹은 사실 '얼마나 많이 보는가'보다는 '무엇을 어떻게 보는가'에 방점을 찍는 것이 좋다. 즉 어떤 대상을 어떤 기준으로 볼 것인지부터 정해야 한다. 나는 글을 본격적으로 쓰기 시작하던 시점에 온라인 글쓰기로 잘나가는 작가들을 몇 명 선정해서 일정 기간 관찰하며 분석했다. 이때 주의 깊게 본 것은 글의 성격, 공유 수, 구독자 수의 관계다.

채널에 콘셉트가 없다면

내가 쓴 하나의 글이 어딘가 유명한 채널이나 포털에 링크되어 조회 수와 공유 수가 많이 올라갔어도, 정작 구독자 수는 올라가지 않는 경우가 많다. 왜일까? 어째서 그 많은 사람이 들어왔다가 구독 버튼을 누르지 않고 이탈하는 것일까?

그 이유는 작가의 채널에 '테마(성격)'가 없기 때문이다. 낱낱의 글들이 흩어지지 않고 모아져 힘을 발휘하려면 테마가 있어야 한다. 벤치마킹을 하면서 알게 된 이 중요한 발견은, 브런치를 포함해 유튜브와 같이 콘텐츠를 축적할 수 있는 채널이라면 어디에나 해당하는 이야기다.

독자가 구독 버튼을 누르는 과정을 거칠게 요약해 보면 이렇다.

1. 어딘가에서 콘텐츠의 제목을 보고 관심이 생겨 '제목' 클릭
2. 읽고 보고 좋으면 '좋아요' 클릭
3. '좋아요'를 눌렀으면 작가의 '다른 글 리스트' 스캔
4. 다른 글들이 지금 글과 연관된 테마 안에 있으면 '구독' 클릭

일단 어떤 글을 읽고 '좋아요'까지 눌렀다면 그 사람은 글의 테마에 관심이 있는 사람이다. 만일 '좋아요'를 눌렀는데 '구

독'을 누르지 않았다면, 나의 잠재적 팬을 한 명 놓친 것이다. 그저 혼자 보고 만족하는 데서 그칠 게 아니라면, 많은 사람과 지속적으로 생각을 나누고 공유하고 싶은 것이라면 채널에 '테마'를 부여할 필요가 있다.

테마가 없는 채널은 힘없이 콘텐츠만 나열될 뿐 사람을 잡아끄는 매력이 없다. 독자는 낱개의 글이 재미있다고 해서 구독 버튼을 누르지는 않는다. 비록 글의 수는 많지 않더라도 글 사이의 관계가 잘 드러난다면 하나로 뭉쳐지며 힘을 갖게 된다. 독자는 관심 있는 테마 안에서 글이 축적되는 과정을 보고 다음 글을 기대하는 마음으로 구독 버튼을 누른다.

당신만 노릴 수 있는 타깃

아는 동생에게서 연락이 왔다. 오랜 기간 해오던 석박사 공부를 마치고 취업을 준비하는 친구였다. 인터뷰 날짜가 잡혀 프레젠테이션을 위한 자료 준비를 해야 하니 도와달라고 말했다. 꼬꼬마 시절부터 머리 좋은 걸로 동네에 소문이 자자했던 그 친구는 특별한 과외 한번 받지 않고도 학창시절 내내 전교 1등을 했었다. 대학과 대학원까지 최고 명문대를 나온 사람을 내가 감히 도와준다니, 새삼 묘한 기분이 들었다.

디자이너인 나에게 친구가 요청한 것은 예쁜 장표를 만들어 달라는 것이 아니었다. 10년 넘게 해온 연구 결과들과 커리어를 정해진 시간 안에 효과적으로 전달할 수 있도록 어떻게든 뭐라도 해달라는 것이었다. '어떻게든 뭐라도'에서 드러나는 것처럼 친구는 중요한 인터뷰를 앞둔 상황에서 상당히 불안한 상태였다. 일주일 후에 발표자료를 보내야 하는데, 말 그대로 준비된 것이 아무것도 없었기 때문이다. 공부한 것도 많고, 말하고 싶은 것도 많고, 자랑하고 싶은 것도 많은데 발표 시간은 고작 20분뿐이었다. 어디서부터 뭘 어떻게 준비해야 할지 모르겠다는 전화기 너머의 목소리에서 절박함이 느껴졌다. 만사 제쳐두고 도와주지 않을 수가 없었다.

"자, 진정해. 우리에겐 일주일이라는 시간이 있어. 정해진 시간 안에 주어진 조건 안에서 최선을 다하면 되는 거야. 가장 먼저 할 일은 재료를 준비하는 거니까 일단은 네가 지금까지 연구한 연구 주제들, 등재된 논문, 수상 이력을 싹 다 정리해 와. 그리고 발표 자료를 어떻게 구성할 건지 대충이라도 목차를 잡아오고. 아, 맞다. 이미지로 활용할 만한 것들이 있으면 그것도 챙겨 와야 해!"

다음날 친구가 시간 순으로 항목들을 나열해 요점 없고 지루한 리스트를 보내왔다. "10년 동안 연구를 했는데 이것들을 하나로 묶는 주제가 없단 말이야? 이런 자잘한 연구는 이쪽에 포함시켜. 연구 성과를 보여준다고 해서 시간 순으로 전부 보여줄 필요는 없잖아. 네가 가장 내세우고 싶은 연구가 뭐야? 제일 인지도 있는 학회에 등재된 논문은 뭐고? 정해진 시간 안에 너를 어필하려면 우선순위를 정해야지. 다른 건 몰라도 이것만은 꼭 보여주고 싶다고 생각하는 거 세 가지로 압축해 와. PPT 장

별로 내용 넣어서 가져오고. 모양 꾸밀 생각은 하지 말고."

이후 일주일 동안 내가 한 일은 친구에게 끊임없이 질문을 던지면서 콘텐츠를 정리하고, 압축하고, 키워드를 도출하는 것이었다. 연구 전체를 묶는 하나의 테마를 선정하기 위해. 정작 예쁜 문서 만들기는 마지막 2~3일 동안 이루어졌다.

일주일 내내 친구를 도우며 다시 한번 절실히 깨달았다. 디자이너에게는 지극히 당연한 것이지만 디자이너가 아닌 사람들은 쉽게 놓치는 규칙이 있다는 것을. 그것은 바로 어떤 콘텐츠를 만들 때, 그 콘텐츠를 보는 사람을 반드시 고려해야 한다는 사실이다.

캐릭터가 없는 자는 가난하다

친구는 가진 게 정말 많았지만 자신만의 캐릭터는 없었다. 아니, 모르고 있었다. 그쪽 바닥에서는 친구만큼 머리 좋고, 스펙 좋은 사람들이 넘쳐났으니 연구 실적이 많다는 것은 그다지 큰 차별점이 아니었다. "지금까지 이만큼 했어요. 저 대단하죠?"라고 아무리 크게 말해도 전혀 상대방에게 먹히지가 않을 상황이었다. 상황과 맥락을 고려하지 않은 콘텐츠는 그냥 나 혼자 외치는 소음일 뿐이다.

친구는 발표 준비를 시작하는 시점에 '면접관이 후보자에게 기대하는 것은 무엇인가'와 '나는 그들에게 어떤 사람으로 보이고 싶은가'라는 두 가지 질문을 던져야 했다. 두 가지 질문을 모두 충족하는 답이 곧 발표의 방향을 결정할 핵심 주제일 것이기 때문이었다. "너는 면접관들에게 어떤 사람으로 보이고 싶어? 네 생각에 면접관들은 어떤 사람을 뽑고 싶어 하는 것 같아?"

우리가 합의한 발표 주제는 '겸손하지만 자신의 연구 분야에 자부심이 있는, 세련된 신진 연구자의 이미지를 만들자'는 것이었다. 이 방향성에 따라 콘텐츠를 다듬고 문서 디자인을 연출했다.

디자이너는 늘 내가 만드는 산출물이 사용자, 소비자, 독자에게 어떻게 보이는가를 고민한다. 그래서 나와 비교도 안될 정도로 아는 것이 많지만 정작 자신을 어떻게 표현해야 할지는 모르는 명문대 출신 박사님을 도와 회사에 합격하는 데 도움을 줄 수 있었던 것이다.

무언가를 만들 때는 그것을 통해 다른 사람과 소통하겠다는 목적을 전제하기 마련이다. 소통이란 상대방도 알고 나도 아는 것(보편적인 경험과 지식)을 바탕으로 서로에게 기대하는 것을 전달하는 일이다.

제 글이 대중성이 없다고요?

앞서 여러 번 말했지만, 디자이너란 구체적인 대상을 설정해 그에 맞춤된 무언가를 만드는 훈련을 끊임없이 하는 사람이다. 그렇기 때문에 여기저기 흩어져 있는 무질서한 재료들을 하나로 압축하는 일은 나에게 너무나 익숙한 일이다.

처음 글을 쓰기 전, 테마를 정할 때부터 이미 누구에게 어떤 말을 할 것인지는 명확히 설정되어 있었다. 주니어 디자이너에게 도움이 될 만한 내용을 쓰자는 취지였다. 제목은 〈사수 없는 디자이너가 성장하는 법〉이었다. 그런데 실제로 글쓰기를 시작하려고 보니 망설여지는 부분이 있었다. 바로 '지나치게 좁은 범위의 사람들을 대상으로 글을 쓰는 것은 아닐까?'라는 걱정이었다.

언젠가 지인을 통해 출판사 편집자에게 나의 글 콘셉트에 대해 조언을 구한 적이 있다. 방향성과 목차, 미리 써둔 글을 가지고 나름의 계획을 전했었다. 주제도 좋고 목차도 괜찮고 필력도 나쁘지 않지만, 책으로 만든다는 것을 고려할 때 어려운 측면이 있다는 피드백을 받았다.

일단, 출판 시장에서 디자인이라는 분야가 차지하는 비중 자체가 너무 작다는 것이었다. 더구나 일반 대중을 대상으로 한 디자인 이야기도 아니고, 디자이너라는 특정 대상을 위한 이야기였으니 잘 써도 많이 팔기가 어렵다고 했다. '유명한 스타 디자이너가 아니고서는 좀….' 대중성이 떨어진다는 이 같은 반응은 하나의 출판사가 아니라 서너 군데의 출판사에서 공통적으로 보여준 반응이었다.

내 브런치의 초창기 4개의 글은 독서법에 관한 것이다. 대중성에 대해 고민하다가 결국 테마를 바꿔 쓴 것이다. 혹시라도 디자이너라는 특정 대상만을 위한 글처럼 보일까 봐 매거진 이름을 〈전문가의 독서법〉이라고 지었다. 독서법은 유행을 타지 않는 테마니까, 이걸로 시작해 보자 싶었던 것이다.

처음에 쓴 글이 카카오 채널에 올라가면서 14만 뷰를 기록했다. 다른 3개의 글도 다음 메인이나 브런치 메인에 올라가면서 나쁘지 않은 반응을 얻었다. 하지만 마음속에는 외면할 수 없는 불편함이 있었다. 아마도 내가 정말 쓰고 싶은 글을 못 쓰고 있다는 생각 때문이었을 것이다. 독서법은 언젠가 꼭 쓰고 싶은 주제이긴 하지만, 글쓴이가 오직 이진선이기 때문에 쓸 수 있는 글은 아니었다. 글을 처음 쓰는 거라 힘들기도 했고, 마음에 동력도 사라져 이후로 2년 동안 글을 쓰지 못했다.

더 많은 독자는 어디에 있을까?

다시 글을 쓰게 된 것은 디자이너에게'만'을 디자이너에게'도'로 바꿔보자고 생각을 전환했기 때문이다. 디자이너가 읽으면 가장 좋지만, 디자이너가 아닌 사람도 읽었을 때 충분히 도움이 되는 글을 써보면 어떨까 생각한 것이다. 나는 디자이너이지만 동시에 일을 하는 사람이기도 하고, 사회 초년생 시절 고민하고 방황하며 오랜 시간을 보낸 사람이기도 했으니까 말이다. 한 사람 안에는 다면적인 모습이 있기 때문에 이를 잘 조합하면 충분히 가능성이 있을 거라 생각했다. 내 글을 더 많은 사람이 읽게 만든다면 그만큼 더 많은 디자이너가 내 글을 읽게 되지 않을까? 그런 기대를 하며 매거진 이름을 〈사수 없는 디자이너가 성장하는 법〉에서 〈사수 없이 일하며 성장하는 법〉이라고 새롭게 고쳤다. 이 매거진의 타깃 독자는 다음과 같다.

1. 사수 없이 혼자 일하는 직장인
2. 지금 하는 일에 확신이 없는 사회 초년생
3. 연차는 쌓이는데 실력에 자신이 없는 직장인
4. 언제까지 이 일을 할 수 있을지 막연한 직장인
5. 디자이너 또는 디자인에 관심이 있는 일반인

이 사람들이 공감할 수 있는 글이라면 대중성이 없다는 얘기는 할 수 없을 거라는 생각이 들었다. 여기까지 생각이 미치자 '공감'이란 키워드로 관심이 옮겨가기 시작했다.

사람들은 익숙하면서도 새로운 것에 매력을 느낀다. 생전 처음 보는 완전히 새로운 것에는 흠칫 뒤로 물러서기 마련이다. 앞서 나왔던 '3색 볼펜 독서법'이 좋은 반응을 얻었던 이유는 사람들에게 익숙한 독서법에 디자이너의 신선한 관점을 녹였기 때문이라고 판단했다. 그래서 나는 내 독자들이 '엇! 저거 내 애긴데!'라고 말할 만한 경험이나 생각을 바탕으로 글을 써보자고 결심했다. 누구나 한 번은 해봤을 보편적인 질문으로 시작해 디자이너의 관점으로 답을 찾아가는 과정을 풀어낼 수 있다면 익숙하지만 새로운 글이 되지 않을까?

'언제까지 이 일을 할 수 있을까?' '지금처럼 살아도 되는 걸까?' '내향적인 사람은 인정받을 수 없는 걸까?' '멘토는 어디에 있는가' 내 글들은 이 질문들로부터 시작했다. 질문을 던지고 그 질문에 대해 공부하고 사유하고 경험을 더해 글을 쓴다. 그런 이유로 내 글이 많은 사람의 공감을 받는 것이라 믿는다. 꽤 긴 시간 머릿속에만 자리하고 있던 가설들이 확신이 되는 행복한 경험이다. 독자를 고려한 글쓰기는 지금 쓰고 있는 이 글을 포함해 앞으로 써나갈 모든 글에 적용할 생각이다.

앞에서 나는 소통이란 상대방도 알고 나도 아는 것(보편적인 경험, 지식)을 바탕으로 서로에게 기대하는 것을 전달하는 일이라고 말했다. 공감하는 글쓰기란 곧 소통하는 글쓰기다. 소통은 내가 하고 싶은 말만 '일방적'으로 하는 것이 아니라 상대방이 듣고 싶어 하는 말에, 내가 하고 싶은 말을 더하는 것이다.

키보드를 두들기다 보면, 당장 눈앞엔 모니터 밖에 없으니 내 글을 읽을 사람들에 관해 잊어버리게 된다. 더 많은 사람이 내 글을 읽고 공감하기를 원한다면 질문을 던져보자. '나의 독자는 누구인가?' '그들이 듣고 싶어 하는 이야기는 무엇인가?'라고.

우리는 우리의 사수가 된다

사수가 없어도 정말 괜찮을까? 이 책을 다 읽었어도 여전히 의문이 남아 있는 사람이 있을 것이다. 스스로 가르치고 성장하는 독학자의 마음을 갖는 것은 지금 우리가 갖춰야 할 가장 기본 조건이다. 나는 지금까지 '잘 끼운 첫 단추'의 중요성에 대해 설명했다. 마지막으로 독자들에게 전하고 싶은 말이 있다. 자기 성장이라는 태도를 가진 사람에게는, 수백 명의 사수들과 연결될 기회가 누구보다 넘쳐난다는 사실이다.

지금처럼 개인이 스스로를 키우기에 좋은 시대는 없었다. 일하는 사람들을 위한 콘텐츠 구독 서비스, 현직자들을 연결하는 커뮤니티 서비스가 넘쳐난다. 클럽하우스에서 유니콘 스타트업의 대표와 창업을 꿈꾸는 대학생이 실시간으로 소통하는 시대가 아닌가. 온라인 글쓰기가 대중화되어 일반인들의 진솔

한 경험과 살아 있는 지식이 책으로 출간되기도 한다. 글쓰기를 자신의 커리어로 삼는 사람들이 늘어나면서, 이를 필요로 하는 사람들과 쉽게 연결되는 게 지금의 모습이다.

이처럼 우리는 방구석에서도 얼마든지 랜선 사수와 연결될 수 있다. 마음만 먹으면 전문가의 노하우를 습득할 수 있고, 직접 만나 소통하는 기회도 가질 수 있다. 온라인을 통해 세상이 하나의 거대한 커뮤니티가 되고 있다. 스스로 돌보고 관리하는 능력을 가지고 있다면, 랜선 사수를 만나서 더욱 빛나는 자기 성장을 이룰 수 있다.

"왜 이렇게까지 열심히 하는 거죠?" 한달어스에서 처음 활동하는 사람들은 '대체 왜?'라는 질문을 종종 던진다. 고작 하루 2,200원짜리 프로그램에 30일 내내 기꺼이 열정과 지식을 나누는 모임 리더들의 모습에 의아함을 느끼는 것이다. 마이크로소프트 글로벌 인플루언서 팀에서 2,000여 명의 커뮤니티 리더를 인터뷰한 이소영 님도 같은 의문이 있었다. 그래서 크게 성장한 커뮤니티의 리더들에게 그렇게까지 열심히 하는 이유가 무엇인지 물었다. 대다수가 공통적인 답을 했다. "고마워서요.

저도 초보 시절에 커뮤니티 게시판에 많은 질문을 올렸거든요. 그때 얼굴도 모르는 선배들이 답변을 달고 하나하나 가르쳐 주었어요. 이제 제가 그 누군가에게 도움이 되어야 할 차례인 것 같아요. 말하자면 마음의 빚을 갚는 거죠."

커뮤니티에서 가장 많이 성장하는 사람은 사실 리더다. 팀원들이 실천하기를 어려워할 때 응원하며 동기를 부여하고, 공부하며 배운 것을 끊임없이 나눈다. 팀원들의 의견을 경청하고 사람들 사이에서 갈등을 해결하며 서비스에 반영한다. 이 모든 과정에서 리더십과 인성을 연마한다. 본업이 따로 있는데도 말이다. 돈으로 환산할 수 없는 가치의 중요성을 아는 사람들이다.

당장 눈앞에 사수가 없다고 불안해하지 말고, 직접 수백 명의 사수가 있는 곳으로 발을 옮기자. 성장하려는 사람들이 모여 있는 곳으로 나를 데려가자. 배운 것을 기록하고, 아는 것을 나누자. 먼저 주는 사람이 더 크게 얻는 법이니까. 이 책이 새로운 사수를 만나는 출발점이 되기를 바란다.

참고한 책

· 칩 히스·댄 히스 저, 안진환 역, 《순간의 힘》, 웅진지식하우스
· 나가오카 겐메이 저, 이정환 역, 《디자이너 생각위를 걷다》, 안그라픽스
· 니르 이얄 저, 조자현 역, 《훅》, 리더스북
· 닉 크레이그 저, 한영수 역, 《목적 중심 리더십》, 니케북스
· 데이비드 버커스 저, 장진원 역, 《친구의 친구》, 한국경제신문
· 도널드 O. 클리프턴·폴라 넬슨 저, 홍석표 역, 《강점에 올인하라》, 솔로몬북
· 도리스 메르틴 저, 강희진 역, 《혼자가 편한 사람들》, 비전비엔피
· 마이크 몬테이로 저, 박준수 역, 《디자이너, 직업을 말하다》, 웹액츄얼리코리아
· 박웅현 저, 《책은 도끼다》, 북하우스
· 빅터 파파넥 저, 현용순 역, 《인간을 위한 디자인》, 미진사
· 산드로 만쿠소 저, 권오인 역, 《소프트웨어 장인》, 길벗
· 수전 케인 저, 김우열 역, 《콰이어트》, 알에이치코리아
· 스펜서 존슨·콘스턴스 존슨 저, 안진환 역, 《멘토》, 비즈니스북스
· 앨버트 라슬로 바라바시 저, 홍지수 역, 《성공의 공식 포뮬러》, 한국경제신문
· 오고다 마코토 저, 오시연 역, 《운명 따위 이겨주마》, 꼼지락
· 안데르스 에릭슨·로버트 풀 저, 강혜정 역, 《1만 시간의 재발견》, 비즈니스 북스
· 에밀리 에스파하니 스미스 저, 김경영 역, 《어떻게 나답게 살 것인가》, 알에이
  치코리아
· 앤디 헌트 저, 박영록 역, 《실용주의 사고와 학습》, 위키북스
· 이소영 저, 《홀로 성장하는 시대는 끝났다》, 더메이커
· 토드 로즈·오기 오가스 저, 정미나 역, 《다크호스》, 21세기북스
· 토드 로즈 저, 정미나 역, 《평균의 종말》, 21세기북스

사수가 없어도 괜찮습니다

1판 1쇄 발행 2021년 6월 23일
1판 2쇄 발행 2024년 6월 28일

지은이 이진선

발행인 양원석 **책임편집** 이정미
디자인 이은혜, 김미선 **영업마케팅** 양정길, 윤송, 김지현

펴낸 곳 ㈜알에이치코리아
주소 서울시 금천구 가산디지털2로 53, 20층 (가산동, 한라시그마밸리)
편집문의 02-6443-8827 **도서문의** 02-6443-8800
홈페이지 http://rhk.co.kr
등록 2004년 1월 15일 제2-3726호

ISBN 978-89-255-8840-7 (03190)

본 도서는 카카오임팩트의 출간 지원금과 무림페이퍼의 종이 후원을 받아 만들어졌습니다.